Erinnerungen aus dem Kosmos

Der Autor

Er lebte mit der Frage, welche Kräfte es sind, die die Welt bewegen. Aufgewachsen in einer Atmosphäre des Unglaubens, konfrontiert mit Weltanschauungen, die hinter dem Ende aller Dinge nur das schwarze Nichts propagieren, wurde er zum Sucher nach den Quellen des Daseins.

Das Buch

Das Thema ist das Leben von Jesus Christus während seines irdischen Wirkens, wie es von Ihm selber geschildert und durch das innere Wort in neuen Offenbarungen dem bescheidenen Menschen Jakob Lorber mitgeteilt wurde, der vor 200 Jahren lebte. Die Ereignisse, die vor 2000 Jahren geschahen, spiegeln sich in der heutigen Zeit und die Antworten, die bei den vielen Begegnungen mit suchenden Menschen damals gegeben wurden, sind zeitlos gültig. Das Buch ist ein anfänglicher Versuch, sich mit der Fülle der Angaben auseinanderzusetzen.

Erinnerungen aus dem Kosmos

Jesus Christus in der Sicht des "Großen Evangelium Johannes"

Klaus Dietze

Bibliografische Information der Deutschen Nationalbibliothek: Die Deutsche Nationalbibliothek verzeichnet
diese Publikation in der Deutschen Nationalbibliografie;
detaillierte bibliografische Daten sind im Internet über
dnb.d-nb.de abrufbar.

Herstellung und Verlag:

BoD – Books on Demand, Norderstedt

ISBN 9783751906319

Coverfoto vom Autor

Inhalt

Für die lieben Menschen,
die von uns gegangen sind

Vorwort

2000 Jahre und mehr sind es, dass begonnen wurde, die Zeit zu messen und die Jahre zu zählen. Der Anlass dazu war die Geburt eines Menschen gewesen, wie es noch keinen gegeben hatte. Doch heute – wer kennt von Ihm mehr als nur den bloßen Namen?

Besser bekannt ist der große Knall, der Urknall, der die Existenz des Universums gestartet hätte. Das hatten sie in der Schule so erzählt. Doch irgendwann waren Zweifel aufgekommen: Wenn der Urknall die Welt gemacht hatte, wer hatte dann den Urknall gemacht?

Bei dem Knall waren Atome entstanden, die sich zu Materie zusammentaten, unter anderem zu Wasser, einem Weltmeer, in dem weitere Materieteilchen schwammen und einander ergänzten, bis sie sich zu Zellen entwickelten. Aus den Zellen entstanden Amöben, die wiederum die Urmütter wurden von allem, was kreucht und fleucht, und endlich war daraus ein richtiges Gehirn geworden, das über die Angelegenheit nachdenken konnte.

Tat man genau das und dachte nach, drängte sich der Schluss auf: Irgendwo musste ein Fehler im System sein; es fehlte etwas. Denn wo war zu erleben, dass bloße Materiehaufen aus sich selbst heraus jemals ein warmes Leben hervorbrachten?

Es gab weitere Berichte, die ebenfalls mit dem Wasser und dem Weltmeer anfingen. Zwar war ringsherum alles wüst und leer gewesen, doch dann war es weitergegangen, indem es hieß: „ und der Geist Gottes schwebte über den Wassern."

Gott? Hatte man nicht schon von Ihm gehört? Gab es Ihn überhaupt noch? Dem Vernehmen nach hatten die Menschen früher große Stücke auf Ihn gehalten, der Glaube an Ihn musste das Fundament gewesen sein unserer ganzen Kulturentwicklung. Aber wann war einem der Name eigentlich zum letzten Mal begegnet?

War der Name zu einem Fremdwort geworden, das vielleicht noch ein karges Dasein fristete in schattigen Innenbereichen von Kirchen? War Gott ein Versager, mit dessen Sohn es bekanntermaßen vor langer Zeit ein schlimmes Ende genommen hatte? Wäre Er wirklich allmächtig gewesen, wie behauptet wurde, warum hatte Er mit einer unbotmäßigen Menschheit nicht schon längst kurzen Prozess gemacht?

Alten Berichten zufolge wäre das allerdings einmal geschehen und das Wasser aus den Schleusen des Himmels und aus den Abgründen der Erde hatte die Reste einer fehlgelaufenen Entwicklung davon geschwemmt. Nur Noah, der Gerechte, war geblieben und mit seiner Arche in eine neue Zeit geschwommen.

Es hatte einen Neubeginn gegeben danach, aber das war lange her. Nach so vielen Jahren musste die Erinnerung daran ziemlich verblasst sein und so wie die Welt aussah, war es vielleicht nur eine Frage der Zeit, dass eine weitere Sintflut fällig würde. Es musste dabei nicht unbedingt Wasser sein. Ob Feuerbrände – die Arsenale der Vernichtung waren schon installiert über den Erdkreis hinweg – oder außer Kontrolle geratene Mikroben: Flutungen der verschiedensten Art waren denkbar.

Wie kam man zu eigenständigen Urteilen über das große Daseinsrätsel, unabhängig von den Einflüsterungen der äußeren Welt? Machte es Sinn, die Heilige Schrift, die Bibel, selber zu lesen?

Früher waren die Menschen für solch ein Begehren zu Hunderten und Tausenden als Ketzer auf den Scheiterhaufen der Inquisition der damals allmächtigen Kirche gelandet und verbrannt worden. Selberdenken war verpönt bei Strafe an Leib und Leben und die Bibel war anderthalb Jahrtausende zu- und abgeschlossen.

Heute war das frei und die Evangelien des Neuen Testamentes waren zugänglich für alle. In ihnen allerdings konnte vieles unverständlich bleiben bei ihrer knapp gehaltenen Sprache, die aufkommende Fragen nicht immer ohne weiteres beantwortete.

Vor fast zwei Jahrhunderten hatte ein „Schreibknecht Gottes", Jakob Lorber, Mitteilungen aus höheren Sphären aufgezeichnet. 24 Jahre lang hatte er, der in größter Bescheidenheit lebte, Tag für Tag niedergeschrieben, was eine innere Stimme ihm diktierte. Zusammen mit vielen anderen Schriften war das „Große Evangelium Johannes" entstanden, ein Werk in zehn umfangreichen Bänden.

Es war das Leben Jesu während der drei Jahre seines irdischen Wirkens. Von Ihm, der von sich sagte, Er sei eins mit Gott, selber geschildert! Waren es Erinnerungen aus dem Kosmos an den Zeitenbeginn, ein Geschenk der Gottheit an die Menschen, oder handelte es sich um die Fantasien eines Verwirrten?

Ließ man sich darauf ein, wollten viele Seiten gelesen werden, ein erratischer Block, eine Herausforderung. Ob der Reihe nach oder an beliebig aufgeschlagenen Stellen – jede Seite konnte eine Offenbarung für sich sein. Das im Neuen Testament in knapper Form Gegebene wurde hundertfach erweitert. Die Aussagen stützten sich gegenseitig und wurden verständlicher, indem sie die Ereignisse in ihrer ganzen Lebendigkeit vor dem inneren Auge erstehen ließen.

In einer Zeit, in der die Inhalte der heiligen Schriften weit herum vergessen sind, ignoriert, nicht ernst genommen, sogar verspottet, können sie zu einem Wegweiser werden, der die verborgenen Zusammenhänge wieder bewusst werden lässt.

1. Zeichen und Wunder

Fast die gesamte bekannte Welt des Altertums stand bei Beginn der Zählung der Jahre unter der Herrschaft der Römer. Ihr Weltreich war immens groß und schloss Palästina ein, das Heilige Land. Sie hatten dort die ewigen Streitereien und Bruderkriege beendet und eine kluge Verwaltung eingerichtet, in die sich auch die ehemaligen Herren des Landes einzufügen hatten, eine Theokratie der Pharisäer und Schriftgelehrten, die repräsentiert wurde durch die Priesterschaft des Tempels in Jerusalem.

Sie hatten die Herrschaft der Römer nur mit Zähneknirschen akzeptiert, doch was sie ganz und gar aufbrachte, war dieser Herumtreiber im Land, Jesus von Nazareth mit seinen Kunststückchen, mit denen Er Blinde sehend und Lahme gehend zu machen vorgab und damit bei dem einfachen, leichtgläubigen Volk einen Aufruhr hervorrief. Selbst wenn etwas daran war an den Meldungen, konnte das nur durch die höllische Magie des Teufels bewerkstelligt sein, denn der Störenfried war weder als ein Gelehrter ihrer eigenen Gilde bekannt noch sonst als einer, der mehr gewesen wäre als ein bloßes Nichts.

Was die Angelegenheit noch schlimmer machte, war, dass Er vorgab, der Sohn Gottes zu sein und damit der seit Urzeiten verheißene Messias. Was unmöglich der Fall sein konnte, weil der Messias nicht als der hergelaufene Sohn eines armseligen Zimmermanns vorstellbar war, sondern nur als ein gewaltiger irdischer Herrscher, der für sein Volk ein strahlendes Königreich aufrichtete. Deshalb wurde Jesus drei Jahre lang verfolgt, aber drei Jahre lang entzog Er sich allen Nachstellungen.

Er hielt sich oft an Orten auf, die unter römischem Recht standen und somit nicht im Einflussbereich der Verfolger lagen. Wie von einer inneren Stimme gerufen, trafen sich dort Menschen aus dem griechisch-römischen Kulturkreis, die zu den Gebildeten gehörten: Ärzte, Gelehrte, Beamte, militärische und weltliche Befehlshaber, Geschäftsleute. Sie alle hatten den Glauben an die Vielgötterei ihrer alten Kultur im Grunde verloren, an die Götzenbilder aus Holz oder Ton, die einen angeblichen Jupiter oder Apollo darstellten. In vielen lebte schon die Ahnung von einem einzigen wahren Gott und es war Jesus, der ihnen die Botschaft brachte, die von den Herrschern seines eigenen Volkes nicht gehört werden wollte.

Die Freundschaft mit den Römern ging zurück bis zu der Zeit seiner Geburt in Bethlehem. Damals war der Hauptmann Cornelius, der Bruder des Cyrenius, des Befehlshabers von halb Asien und Afrika, dort stationiert gewesen, um die vom Kaiser in Rom angeordnete Volkszählung zu überwachen. In dieser Funktion hatte er Joseph und Maria, die Eltern, kennengelernt und war tief berührt gewesen von dem Geheimnis, das die Familie umgab. Er hatte das Wunder der Inkarnation des Göttlichen aus nächster Nähe miterlebt und das Seine getan, zu helfen, wo es nötig war. Er hatte den demütigen Besuch der Hirten miterlebt, und die Ankunft der drei Könige aus den Weiten Asiens und die unfassbare Katastrophe, die dadurch ausgelöst wurde.

Denn kurze Zeit später war Cornelius konfrontiert worden mit dem maßlosen Wüten eines Königs Herodes in seiner Angst vor dem neugeborenen angeblichen Nebenbuhler. Die schlimmsten Auswüchse des berüchtigten Kindermordes verhinderte er zwar, ohne ihn jedoch ganz abzuwehren zu können. Es waren immer noch 5000 Knaben, die ermordet wurden.

Aber über die Heilige Familie hielt er seine schützende Hand und sorgte für ein sicheres Geleit zu der Residenz seines Bruders Cyrenius in der Hafenstadt Tyrus. Von dort aus nahm dieser sie bei einer Schiffsreise anlässlich eines Staatsbesuches in Ägypten mit zu ihrem Exil. Er kümmerte sich um ihre angemessene Unterbringung und hielt sich in der freien Zeit, die er bei seinen Staatsgeschäften erübrigen konnte, bei ihnen auf. Er, einer der höchsten Repräsentanten des römischen Reiches, erahnte in dem kleinen Jesusknaben den wahren Gebieter der Welt.

Einiges mag eingefügt werden über die Jungfrau

Maria, die Mutter Gottes, wie es im Jakobus-Evangelium von Jakob Lorber aufgezeichnet ist.

Sie war als kleines Kind dem Tempel in Jerusalem übergeben worden, in dessen Mauern sie als Tempeljungfrau aufwuchs bis zu ihrem vierzehnten Lebensjahr. Danach war der Zeitpunkt gekommen, dass sie den Tempel verlassen musste, um zu gegebener Zeit mit einem Mann vermählt zu werden. Zu der Gruppe von Menschen, die würdig waren, Maria bis dahin züchtig und behütet in ihren Haushalt zur Pflege aufzunehmen, gehörte auch Joseph, ein später Nachkomme des Königs David, ein einfacher Zimmermann und seit langem verwitweter Greis, in dessen Haus seine schon erwachsenen Söhne lebten.

Er war es, dem Maria durch ein Gottesurteil zufiel. Das stiftete einige Verwirrung, nicht zuletzt bei ihm selber, der befürchtete, vor den jungen Männern des Landes, die sich in der Angelegenheit heiß bemüht hatten, zum Gespött zu werden. Aber das Zeichen war eindeutig gewesen, indem im Kreis der Bewerber eine Taube zu ihm geflogen war und sich auf seinem Haupt niederließ. Auch wenn sich Enttäuschung breitmachte bei den anderen, wurde Maria zu treuen Händen an Joseph übergeben.

Dort in seinem bescheidenen Anwesen erlebte sie die Verkündigung des Engels von der Empfängnis und der Geburt Jesu. Als sich dann zu gegebener Zeit ihre Schwangerschaft offenbarte, machte Joseph ihr die bittersten Vorwürfe, bis er, durch Marias heiße Beteuerung ihrer Unschuld und durch die Erscheinung des Engels auch vor ihm, das Grundlose seiner Verdächtigung einsah. Aber vom Tempel war dennoch das Schlimmste zu befürchten.

Dort wurde die Sache durch einen gekränkten Liebhaber ruchbar. Die Fehlbaren mussten vor dem Hohenpriester erscheinen. Sie wurden beschuldigt, miteinander Unzucht getrieben zu haben, eine allerverdammungswürdigste Schande, und zum Tode verurteilt. Sie mussten den Gifttrank des „Verfluchten Wassers" trinken.

Als sie nach einer Frist von drei Tagen jedoch nicht leblos und mit aufgetriebenen Leibern aufgefunden wurden, sondern lebendig und wohlgemut, waren alle höchst verwundert und erstaunt. Und so ließ man sie wieder ziehen, nachdem sie zuvor „zur Buße" ordnungsgemäß verheiratet worden waren. Joseph und Maria aber hatten Gott gepriesen und gedankt.

Durch die Regierungspflichten in turbulenten Zeiten verlor Cyrenius später die Familie des göttlichen Kindes aus den Augen, doch die Erinnerung an die Begegnung blieb bestehen und ließ ihn, seinen Bruder Cornelius und andere hochrangige Römer 30 Jahre später vermuten, wer da im Land solches Aufsehen erregte. Und diese Vermutung fanden sie bei der Wiederbegegnung mit Jesus bestätigt.

Als Menschen von hohem Wissen hatten sie in den Überlieferungen des Alten Testamentes die darin enthaltene Wahrheit erkannt, doch was sie immer aufs Neue zurückstieß, war der Fanatismus der Priesterkaste des Tempels, die den ursprünglichen Glauben in eigene Gesetze umänderte, mit denen das Volk unterdrückt und Reichtum und Macht für sie selber angehäuft wurde.

Bei den Begegnungen mit Jesus war manchmal nur ein Weniges notwendig gewesen, um Menschen die Augen zu öffnen für die Realität des Geistigen, auch wenn sie vorerst nur als Wunder erlebt wurde.

Die Evangelien zählten einige dieser Wunder auf: Wasser in Wein verwandelt; Tausende von Menschen gespeist mit wenigen Broten und Fischen; Krankenheilungen an Hunderten zur gleichen Zeit; Tote, die erweckt wurden … Generationen von Bibelkritikern haben sich bemüht, sie wegzuerklären. Doch solange nicht die Heilige Schrift als Ganzes hinwegerklärt wird, bleiben sie, wie sie stattfanden in der damaligen Zeit.

Und was sollte an Wundern überhaupt das Besondere sein? Ein Schöpfer Himmels und der Erde würde zweifellos nicht nur einige, sondern beliebig viele Wunder bewirken können. Außer man erklärte auch Ihn hinweg.

Dabei hatte gerade Er, der die Wunder geschehen ließ, den beiden schreibkundigen Jüngern Matthäus und Johannes, die mit Ihm zogen, aufgetragen, nur weniges, wenn überhaupt etwas, davon aufzuzeichnen, denn Wunder besaßen keine besonders große Nachhaltigkeit.

Die Anwesenden bei solchen Ereignissen gingen vor Erstaunen und Ehrfurcht auf ihre Knie, doch die

Nichtanwesenden lachten darüber, weil sie Erzählungen davon als Ammenmärchen abtaten. Bestenfalls würden Wunder bei den Nachgeborenen nur noch ferne Legenden sein; man glaubte sie oder man glaubte sie nicht. Was dagegen zu Herzen sprach, um sich zu Überzeugungen zu verdichten, die die Zeit überdauerten, war das Wort, die Lehre, die die Wahrheit dahinter lebendig werden ließ.

Doch wenn Menschen in bitterer Not waren, ließ Jesus durchaus Wunder geschehen, heilte Krankheiten und stillte Leid und Hunger. Das, was im Großen Evangelium Johannes dazu mitgeteilt wird, ist eine schier unüberschaubare Anzahl an Wundern.

Manchmal geschahen sie auch als Augenöffner. Dann wurde ihre Ausführung oft übertragen an einen Helfer, der ein sehr jugendliches Aussehen hatte. Menschen, die ihn noch nicht kannten, nannten ihn zuweilen einen Milchbart, der erst trocken hinter den Ohren werden sollte, bevor er zu gestandenen Männern sprach. Bei näherer Bekanntschaft änderte sich diese Einschätzung und manche waren froh, wenn sie ihm nicht zu nahe kamen.

Mit Billigung von Jesus verwandelte er für ungläubige Zeitgenossen Steine in Nichts oder Nichts in Steine. Oder in Brot. Einmal sogar in einen großen Fisch, der so gewaltig mit der Schwanzflosse um sich schlug, dass er seinen neuen Eigentümer auf den Rücken warf und ein kräftigerer Mann Mühe hatte, ihn in einen Wasserbehälter zu schleppen. Ein anderes Mal war es ein richtiger Esel aus dem Nichts heraus und dem Besitzer dieses Nichts wurde es so seltsam zumute ob des eigentlich vorteilhaften Tausches, dass er ihn gleich weitergab.

Die wahre Gestalt des Helfers jedoch war die eines unerträglich hell leuchtenden Meteors, der in Blitzesschnelle über den Himmel zog. Erst wenn er sich umschattete, war seine Anwesenheit auszuhalten. Es war ein Engel. Sein Name war Raphael.

Raphael konnte noch vieles mehr. In der Schnelle eines Lidschlages war er an entfernten Orten Afrikas oder Indiens und wieder zurück, um verborgene Gegenstände herbeizuholen. In gleicher Schnelle verwandelte er dürre Wüsten in blühende Fruchtgärten und baute verfallene Ruinen um zu den strahlenden Palästen, die sie in Urzeiten einmal gewesen waren. Einmal, bei der Belästigung durch eine feindselige Militärtruppe, wirbelte er die Männer ganz alleine durch die Luft und ließ sogar ihre Waffen verschwinden, sodass sie endlich ratlos und mit offenen Mündern dastanden.

Was dem freundlichen Leser dieser Berichte übrigens ebenfalls passieren könnte. Allerdings würde er einiges verpassen, wenn er deswegen die Lektüre vorzeitig abbrechen wollte.

Als Begleiter von Jesus wurde Raphael auch bei den Begegnungen in den römisch besetzten Orten gebeten, Fingerzeige seines Könnens zu geben. So ließ er Geistiges materialisieren und Materie übergehen in Geistiges, seinen eigenen Körper inbegriffen. Menschen, die Anlagen zu besseren Einsichten zeigten, wurden von ihm aufgefordert, seine

Hände und Arme zu prüfen. Alles war vorhanden und ließ sich ertasten, Haut und Muskeln, Fleisch und Knochen.

Einen Augenblick später sollten sie das gleiche noch einmal tun – und griffen ins Leere. Sie griffen durch den Körper hindurch, ohne einen Widerstand zu spüren, während Raphael weiterhin vor ihnen stand mit einem Lächeln ob ihres fassungslosen Staunens. Mehr bedurfte es nicht, um sie zu gewinnen für eine neue Weltsicht, für ein neues Zeitalter, das angebrochen war und Fragen über Fragen aufkommen ließ.

Raphael tat sein Bestes, seinen Zuhörern Rede und Antwort zu stehen: Nirgendwo gab es leere Räume, weder auf dem Planeten noch in den Weiten des Universums. Alles in der Welt war erfüllt von für Menschenaugen unsichtbarem Licht und Kraftwirkungen; von „Äther", unerwachter Materie, dem vermeintlichen Nichts und doch der Quelle unendlicher Energie, aus der durch Geisteskräfte physische Stofflichkeit erzeugt wurde, wo immer es war, in unvorstellbarer Schnelligkeit. Raphael war der Beherrscher dieser Energien und doch nur der geringste Diener seines Herrn, wie er sich selber nannte.

Wollte man danach suchen, wäre zu dieser Art der Energie einiges zu finden, obwohl sie offiziell nicht existierte. Aber selbst hochrangige Physiker waren nicht sehr glücklich mit ihren Materie- und Energiebegriffen, die sie zwar geschaffen hatten und doch das Universum damit nicht erklären konnten. Sie waren weiterhin auf der Suche und Raphael wäre nicht der letzte gewesen, der ihnen dabei hätte helfen können.

Mehr als einmal wurde Jesus von seinen Jüngern bedrängt, diese Art von Wundern als Demonstration auch vor den obersten Priestern des Tempels zuzulassen, um sie endlich von seiner göttlichen Existenz zu überzeugen. Doch die Antwort darauf war ein Nein gewesen. Religiösem Fanatismus in höchster Potenz war auf diese Art nicht mehr beizukommen. Alles, was Er täte, würde höchstens damit erklärt werden, dass Er Seine Proben der Macht nur mit Hilfe der finstersten, der schwarzen, Magie der untersten Hölle zustande brächte, die ewig nichts als Abscheu verdiente.

2.   Undank als Lohn

Wie hatte das alles angefangen, damals in der Zeitenwende? Nach der Rückkehr aus Ägypten hatte Jesus in größter Unscheinbarkeit in Nazareth gelebt und war lange Jahre als Zimmermannsgeselle beschäftigt gewesen im Betrieb seines Ziehvaters Joseph. Alle im Ort kannten ihn, ohne jedoch wirklich etwas von ihm zu kennen. Man wusste nur, dass er seine Arbeiten gut und gewissenhaft erledigte, aber sonst schweigsam und verschlossen war.

Wurde Joseph befragt, konnte auch er dazu keine vorteilhafteren Angaben machen. Als kleines Kind hatte Jesus zwar viele wundersame Fähigkeiten besessen und konnte schon kurz nach der Geburt sprechen und mit seinen weisheitsvollen Aussagen seine Umgebung in höchstes Erstaunen versetzen. Doch das alles hatte sich wieder verloren, bis kaum noch jemand außer seine Mutter Maria sich daran erinnerte. Manche in seiner Heimatstadt hielten ihn sogar für beschränkt.

Es wird beschrieben, dass Jesus in diesen Jahren in seinem Inneren die ganze Spanne menschlicher Emotionen und Versuchungen zu durchleben hatte, die ihn in seelische Abgründe führten und die Er, der inkarnierte Gott, als Mensch beherrschen lernen musste.

Und dann, in seinem dreißigsten Lebensjahr, fing nach der Taufe im Jordan sein göttliches Wirken an. Die Kunde davon verbreitete sich schnell, wurde aber nicht überall mit Freuden begrüßt. Besonders im Umkreis der Synagoge von Nazareth, seiner nächsten Nachbarschaft, waren sie voll schwarzen Misstrauens, die Pharisäer als Diener des Tempels, die Ältesten und Schriftgelehrten. Ein einfacher, ungelernter Holzknecht stand auf gegen sie, die sie die Vertreter der Weisheit von Jahrtausenden waren, vom Urvater Abraham an über Moses und Elias bis hin zu den obersten Hohenpriestern in Jerusalem.

Wenn überhaupt etwas daran war an den eintreffenden Berichten, dann konnte es nur sein, dass dieser schlaue Fuchs Joseph seinen Sohn auf irgendeine Art in Kontakt gebracht hatte mit dubiosen Schwarzmagiern, von denen Ihm einige Kunststückchen beigebracht worden waren, mit denen sich das dumme Volk breitschlagen ließ. Überall wurde von diesen ärgerlichen Wunderheilungen gesprochen.

Zurück von einem Gang nach Jerusalem und einem anschließenden Aufenthalt in Samaria war Jesus wieder in seine Heimatstadt Nazareth gekommen. Wegen einer bekanntgewordenen Untat im Tempel waren die Priester alles andere als gut zu sprechen auf Ihn, mussten aber bestürzt zur Kenntnis nehmen, dass einer ihrer Kollegen, der Oberste einer benachbarten Synagoge, Jairus, in einem Akt der Verzweiflung zu Jesus lief und Ihn flehentlich auf den Knien bat, sein auf den Tod krankes Töchterchen, sein Ein und Alles, wieder gesund zu machen. Jesus ging darauf ein.

Doch in dem starken Volksgedränge bei ihrer Begegnung, die nicht unentdeckt geblieben war, kamen sie nur mühsam voran und noch bevor sie das Haus des Jairus erreichten, war das Mädchen tot.

Nach alter Sitte hatte im Haus schon das Weinen, Heulen und bezahlte Singen der Klagelieder begonnen. Der Tumult war groß und Jesus verlangte, dass alle Schreier das Haus verließen, das Mädchen schliefe nur. Was aber von ihnen mit Spott und Hohn quittiert wurde: Welch ein seltsamer Schlaf wäre das wohl, wenn der Leib längst schon kalt und farblos geworden und das Auge erloschen sei? Das Geschrei wurde nur noch größer, bis endlich Jesus selber mit Hand anlegen musste, um die Tumultuanten hinauszutreiben.

Die Szene endete, wie im Neuen Testament beschrieben, mit der Auferweckung der Tochter. Dass dazu noch eine fulminante Fortsetzung gehört, lässt sich im Großen Evangelium Johannes von Jakob Lorber nachlesen.

Das Ereignis hatte sich zu einem Stich ins Wespennest entwickelt. Dass Jesus das Mädchen wieder lebendig gemacht hatte, löste eine unerhörte Treibjagd auf Jairus und seine Familie aus. Es wurde Stein und Bein geschworen, die Tochter wäre scheintot gewesen, wenn sie sich nicht sogar schon von vorne herein nur totgestellt hatte, um die feinen Lügen des Volksverführers aufzudecken. Sie wäre später auf jeden Fall von allein wieder aufgestanden. Jesus, der große Blender und Quacksalber – das war das Gerede, das allenthalben von den Synagogen verbreitet wurde.

Für Jairus fing es an, brenzlig zu werden. Er sollte hochoffiziell unterschreiben, dass er einem Betrug zum Opfer gefallen wäre, widrigenfalls ihm in Aussicht gestellt wurde, seine gesamte bürgerliche Existenz ruiniert zu sehen. Er unterschrieb, um äußerlich ein großer Herr zu bleiben, während er sich innerlich in stillen Stunden wohl eher als ein Windbeutel vorkam.

Das Mädchen Sarah aber, die Tochter, kaum wieder zum vollen Leben erweckt, versank bei soviel Bosheit, nachdem sie einen Blick in den Himmel hatte tun dürfen, in Depression und siechte aufs Neue dahin.

Jesus hielt sich danach an Orten auf, in denen an der Aufdeckung eines unglaublich dreisten Raubzuges und an der Identifizierung der Täter gearbeitet wurde, während Sarah als nur noch ein Schatten ihrer selbst wieder auf ihrem Sterbebett lag. Jairus, der Vater und Oberste der Synagoge, zerriss sich selbst in Schmerz und Selbstvorwürfen. Er trieb seine Leute an, auf allen bekannten und unbekannten Wegen nach Jesus zu suchen und Ihn ein zweites Mal um Hilfe in höchster Not zu bitten.

Sie konnten Ihn zwar finden, aber nicht sprechen und mussten sich mit dem kurzen Bescheid begnügen, Jairus möge sich nach all den aufgetürmten Lügengeschichten jemanden anderes suchen für seine Familienangelegenheiten. Verzweifelt wurden daraufhin alle Ärzte mit Rang und Namen zusammengetrommelt, doch mehr als ein Eingeständnis ihrer völligen Unfähigkeit kam am Bett des kranken Mädchens dabei nicht heraus.

Einer der Ärzte allerdings war ein Jünger von Jesus gewesen. Er hätte helfen können, aber tat es nicht, sondern schleuderte Jairus und allen ebenfalls anwesenden Pharisäern und Schriftgelehrten die Wahrheit ihres Verrates ins Gesicht. Wofür sie ihn auf der Stelle zerreißen wollten.

Der Angriff wurde kühl abgewehrt durch das Vorzeigen eines Fläschchens, aus dem sich beim Öffnen ein für alle, außer ihm selber, tödliches Gift verbreitet hätte.

Borus, der Jünger, verließ ohne weitere Belästigung den Ort und Sarah starb. Der untröstliche Vater ließ sie in einer offenen Grabkammer aufbahren und die hohen Vertreter des Tempels hatten ausgiebig Gelegenheit, sich von ihrem endgültigen Tod zu überzeugen. Nur mussten sie sich nach einigen Tagen dabei die Nase zuhalten, weil die Leiche in Verwesung überging.

Jairus, der Vater, fiel in einen Abgrund von Zweifeln und Schuldgefühlen. Er sah das glänzende Leben, das er seiner hohen äußeren Stellung verdankte und die Verlogenheit dahinter. Er sah die Möglichkeit, alle materiellen Wünsche im Dasein zu befriedigen und gleichzeitig die ihn verschlingende Brandung, sollte er es wagen, jemals gegen den Strom zu schwimmen. „Aber bedenke das furchtbare Aufsehen, welches durch diesen Schritt bewirkt würde!", hatte er dem Borus auf sein Ansinnen geantwortet, als ein hoher Diener Gottes die göttliche Wahrheit nicht länger mit Füßen zu treten. Worauf Borus dann gegangen war mit dem Kommentar, was er von ihm, Jairus, halte: nichts!

Trotzdem spricht es für Jairus, dass er bei seinen inneren Kämpfen mit sich selbst und im Gedenken an seine geliebte Tochter schlussendlich doch sich zu dem Entschluss durchrang, seinem glänzenden Ruf und dem Hang zum Wohlleben zu entsagen und seine Ämter aufzugeben.

Nach dieser inneren Wandlung ließ Jesus, der aus der Ferne alle Gedanken der Menschen kannte, ihn rufen. Zusammen mit einem der hohen römischen Befehlshaber, der Ihm sehr verbunden war, trafen sie sich vor der Grabkammer, ohne dass weitere Zeugen zugelassen wurden. Jairus fiel weinend auf die Knie und bat um Vergebung für sein begangenes Unrecht.

Die Geschehnisse bei der zweiten Erweckung der Sarah brauchen nicht weiter geschildert zu werden; sie lassen sich viel eindringlicher im Original nachlesen: Die tiefsten Gefühle der Dankbarkeit des Mädchens und die überwältigende Freude der Eltern bei ihrem Wiedersehen.

Jesus gebot ihnen, die Tat vorerst geheim zu halten und begab sich an einem Sabbat, dem geheiligten Tag des Landes, in die Synagoge, in der die Pharisäer und Schriftgelehrten versammelt waren, um traditionellerweise in den Schriften der Altvorderen zu lesen. Aufgeschlagen waren die Verse von Jesaja, einem ihrer hochverehrten Propheten, obwohl niemand gerne daran erinnert wurde, dass er von ihren Vorfahren schmählich ermordet worden war, weil er zu oft und geradeheraus die ungeschminkte Wahrheit sagte. Ein Schicksal, das übrigens fast alle alten Propheten getroffen hatte.

Die fraglichen Verse handelten vom Ablassen von der Sünde, vom Sich-Reinigen vom Bösen und dem Tun des Guten. Jeder sollte nach dem Rechten trachten und den Unterdrückten helfen, insbesondere den Witwen und Waisen. Weiter kamen Passagen vor, die von Abtrünnigen und Diebsgesellen sprachen und die den Schriftgelehrten sehr abartig erschienen. Sie berieten sich, welch eigentlicher Sinn dahinter stecken sollte und konnten sich dazu nicht einig werden, bis Jesus mitten unter sie trat.

„Was sinnet ihr darüber, was doch so klar als die Sonne des Mittags vor euch enthüllt steht?", sagte Er. Den Angesprochenen schwoll die Zornesader, aber sie kamen nicht darum herum, zuhören zu müssen, dass sie selber es waren, die schändlicherweise das Gegenteil von all dem praktizierten, was sie da lasen.

War es nicht so, dass sie hilflose Witwen ihrer Güter beraubten und ins Elend trieben? Dass sie die armen Waisen nicht nur nicht beschützten, sondern als Sklaven in die Fremde verkauften und zu einem Dasein der Schande verdammten? Woher stammten

denn all die unglücklichen Kinder, die bei aufge-
deckten Raubzügen befreit worden waren? Und die
Mutter Maria, wie war es ihr ergangen nach dem
Tod ihres Mannes Joseph? Schmählich davongejagt
hatten sie sie und sich ihren Besitz angeeignet! „Pfui
der ewigen Schmach und Schande!"

Maria hatte allerdings unter einem göttlichen
Schutz gestanden und alles Entrissene war ihr
vielfach ersetzt worden, aber das sonst begangene
Unrecht schrie zum Himmel. Und das, nachdem Er,
Jesus, vor aller Welt Taten aus göttlicher Macht
verrichtet hatte, wie sie noch nie auf der Erde von
einem Menschen getan worden waren! Welche
Zeichen und Wunder mussten überhaupt noch
geschehen, bis ihnen endlich die Augen aufgingen?

Hier erhoben sich im höchsten Ärger die Ältesten
und Pharisäer und schrien: „Was unterfängst du
Milchbart dich, mit uns zu rechten? Welche Zeichen
sind denn hier geschehen?"

Ganz im Hintergrund und von niemandem
bemerkt hatte Sarah gestanden, die von Jesus mitgebracht worden war in die Synagoge. Nun nahm
Er sie bei der Hand und stellte sie vor ihnen hin mit
der Frage: „Kennet ihr dieses Mägdlein, und wisset
ihr, was zum zweiten Mal vor sich gegangen ist mit
ihr?" Worauf alle große Augen machten und sich
gegenseitig flüsternd fragten, wie das geschehen
wäre, da sie doch selber bei der Grablegung
anwesend waren und jetzt stand das Mädchen vor
ihnen. Noch in seinem Totengewand, aber sehr, sehr
lebendig!

„Nun", sagte Jesus, „was sagt euer böses Herz dazu? Ist dies Zeichen genügend oder nicht?"

Wenn 2000 Jahre später die Angelegenheit nicht als Fantasterei abgetan wird, muss sich einem das weitere Geschehen beklemmend vor die Seele stellen. Die Ältesten und Schriftgelehrten fingen sich wieder und erklärten das Vorgefallene als eine vom Teufel erlernte Zauberei, von der sie sich aufs Schärfste distanzierten, um nicht selber vor Gott als Sünder zu gelten, allein schon durch jeden verschwendeten Gedanken an dieses Blendwerk. Mochte dieser Holzknecht, den sie als das seit nahe dreißig Jahren kannten, immerhin seine schwarze Magie betreiben, etwas Besseres wäre er deswegen noch lange nicht!

An dieser Stelle sagte die Sarah: „Herr, ich bitte Dich, verlass diese Elenden! Es ist mir in ihrer Nähe, als stünde der Satan vor uns!"

Das und die Antwort darauf von Jesus ließ die Situation vollständig außer Kontrolle geraten. Die Wütenden zerrissen in höchster Aufregung ihre Gewänder und lärmten: Hinweg mit dir! Wie das zu nehmen war, wurde unmissverständlich klar, als sie dabei nach ihren Steinen griffen.

Die Steine! Sie waren in allen Synagogen sowie im Tempel in Jerusalem vorhanden, um den Gesetzen der Religion Nachdruck zu verschaffen. Die Römer hatten den Templern das Recht zugestanden, in religiösen Fragen selber für Ordnung zu sorgen, was nur zu oft hinauslief auf die Steinigung angeblicher Missetäter gegen die heiligen Gebote. Die Opfer hauchten ihr Leben aus unter einem Steinhagel im Umkreis der heiligen Mauern.

In blind erbitterter Wut ergriffen die Anführer der Synagoge jetzt ihre Steine und die liebe Sarah wäre gut beraten gewesen, beiseite zu treten, um nicht noch ein drittes Mal zu sterben. Doch dazu kam es nicht.

Mit einem Hauch hätte es Jesus vermocht, die Steine in den Händen der Wütenden zu Staub zu verwandeln. Oder sie selber zu leblosen Steinen, unfähig sich zu rühren. Doch das war nicht in seinem Sinn, denn dabei wären die Seelen der Unholde aus ihrem Leib geschockt worden, dass sie in langen Zeiträumen nicht mehr zurückgefunden hätten. Was kam, war etwas anderes.

Die Türe der Synagoge öffnete sich und herein trat eine kleine Gruppe Römer, an ihrer Spitze – Cyrenius. Die Steinwerfer wussten gar nicht, wie schnell und wie tief sie sich auf einmal verbeugen wollten vor dem obersten Befehlshaber Asiens, der ihnen wohlbekannt war, nicht zuletzt für seine Gesetzesstrenge.

Als sie dann noch wahrnehmen mussten, wie Cyrenius Tränen der Freude in den Augen hatte, dass er Jesus nach so langen Jahren endlich wiederfand und Ihn mit den allerherzlichsten Worten begrüßte, wurden sie leichenblass und fingen an zu zittern wie bei einem Fieberanfall. Sie konnten sich nichts anderes vorstellen, als dass der „Holzknecht" nun Rache nahm und sie verklagen würde.

Zumal als sie hörten, dass der oberste Römer in der Angelegenheit eines großen Verbrechens unterwegs war, von dem sie Mitwisser waren. Mit Hilfe von Jesus war es glücklich aufgeklärt worden und nun galt Ihm sein überschwänglichster Dank für die Errettung aus einer großen Verlegenheit.

Trotz seiner großen Freude bemerkte Cyrenius schnell, dass etwas vorgefallen sein musste, erfasste es aber erst in ganzer Tragweite, als Sarah aus überfließendem Herzen einen Bericht dazu gab. Sein Zorn danach schien unermesslich zu sein, denn er versprach den Synagogenvorstehern, ihnen regelrecht das Fleisch von den Knochen peitschen zu lassen; worauf diese ganz entsetzlich anfingen zu winseln. Doch heimlich fragte er Jesus, welche Strafe wirklich verhängt werden sollte.

Jesus begnügte sich damit, die Übeltäter zu ewigem Schweigen verurteilen zu lassen über den Vorfall und dass sie nie mehr ein Wort gegen ihn erheben sollten, nicht eine Silbe! Widrigenfalls die angedrohte Strafe doch noch vollzogen würde. Dafür wollte Cyrenius als oberster Richter sorgen und dass er mit sich nicht spaßen ließ, war bekannt.

Ob die verdrehten Gottesdiener damit auch innerlich zu einer Umkehr bewegt worden waren, blieb offen, doch zumindest war ihnen der Mund gestopft. Jesus aber verließ seine Heimatstadt, um nie mehr zurückzukehren.

3. Steuerraub und Tempelreinigung

Was Cyrenius so in Verlegenheit gebracht hatte, war einer der größten Raubzüge der damaligen Zeit gewesen, bei dem Jesus Hand geboten hatte, ihn aufzudecken und zu vereiteln.

Dabei war es nicht rohe Gewalt gewesen, die in Anwendung gebracht worden war, sondern eine schon fast diabolische Intelligenz, mit der ein von langer Hand vorbereiteter Plan zur Durchführung gelangte. Rädelsführer waren eine Gruppe Angehöriger des Tempels.

Die Steuereinnahmen von ganz Asien, bestimmt für den Transport zum Kaiser nach Rom, waren verloren gegangen, eine Karawane von mehreren hundert Lasttieren, beladen mit Gold, Edelsteinen und anderer Effekten. Die Angelegenheit hätte sich in Rom zu einem beispiellosen Zorngewitter auswachsen können und zu einer militärischen Strafaktion gegen das Land, in dem die Untat geschehen war, bei der kein Stein auf dem anderen geblieben wäre. Doch es kam anders und die Täter wurden vorher dingfest gemacht.

Für den unerhörten Handstreich hatten sie sich als höchste römische Beamte verkleidet, einer von ihnen als der altehrwürdige Cyrenius selber. Mit einem weltmännischen Auftreten und den Imitationen der höchsten Machtsymbole, dem kaiserlichen Ring und dem Goldenen Schwert, auf stattlichen Pferden sitzend und umgeben von ihren als römische Soldaten maskierten Dienern, hatten sie sich bei dem Kommandeur der aus den asiatischen Weiten kommenden Begleittruppe der Karawane zu legitimieren gewusst als berechtigte Empfänger des Transports, um ihn weiterzugeleiten nach Rom.

Nach der Übernahme waren sie mit der Karawane verschwunden. Sie hatten in unzugänglichen Gebirgen geheime Pfade angelegt, die zu unauffindbaren Höhlen und Verstecken führen sollten. Doch ihre Berechnungen gingen nicht auf: Auf dem Weg dorthin wurden sie schon erwartet. Die offiziellen Stellen hatten Kenntnis erhalten von dem, was ablaufen sollte und Jesus, indem Er entscheidende Hinweise gab, war daran nicht unbeteiligt gewesen.

Nach römischen Recht war für solche Verbrechen nur der martervollste Vollzug der Todesstrafe vorgesehen. Erschwerend fiel dabei noch ins Gewicht, dass zu dem Transport Hunderte junger Knaben und Mädchen, halbnackt, gefesselt und auf Lasttiere gebunden, hinzugefügt worden waren aus anderen geschäftlichen Aktivitäten der Templer, bestimmt für die damals üblichen Sklavenmärkte.

Von den an der Aufdeckung der Untaten beteiligten römischen Amtsträgern wurde Jesus das Urteil über die Verbrecher zugestanden. Doch Er ließ sie ungeschoren – wohlwissend, dass sich ihr weiteres Schicksal auch ohne sein Zutun erfüllen würde. Der Coup war ohne Kenntnis der Führungsspitze des Tempels ausgeführt worden, was sie dort nicht weiter gestört hätte; dass aber der ungeheure Reichtum dabei in andere Taschen als ihre eigenen geflossen wäre, war auf ewige Zeiten unverzeihlich.

Für den Rest ihres Daseins würden die Übeltäter, begraben in den unterirdischen Löchern und Kerkern des Tempels, Gelegenheit zum Nachdenken haben. Die Römer brauchten nur für die ordnungsgemäße Überstellung der Delinquenten dorthin zu sorgen, verbunden mit dem Rat an die Oberen, in Zukunft besser auf die eigenen Leute aufzupassen.

Was aber allen nach der geglückten Vereitelung der Untat am meisten am Herzen lag, war die Freilassung der vielen Kinder, ihre Versorgung und Bekleidung und das Ausfindigmachen der trauernden Eltern, denen sie zu ihrer großen Freude zurückgegeben werden konnten.

Es war einer der Fälle, bei denen Gewalt und Brutalität wieder gutzumachen waren. Doch wie viele mochte es geben, bei denen Kinder in ihrer ganzen Hilflosigkeit Unsägliches zu erleiden hatten? War es die Aufgabe des Herrn, allzeit bereitzustehen, Unheil zu verhindern oder musste die Bezeichnung „Mensch" von ihnen selber verdient werden mit der liebevollen Zuwendung zu denen, die alleine weder das Licht der Welt erblicken noch in ihr überleben konnten?

Das große Gesetz der Nächstenliebe wurde von Jesus in Gleichnissen stets neu erläutert: Hatte man bei einem Streit etwas abbekommen auf eine Backe, sollte auch die andere noch hingehalten werden; ein etwas gewöhnungsbedürftiger Gedanke aus der Bergpredigt, Matth. 5,39. Selbst die Jünger waren darüber im Unklaren und bei einer passenden Gelegenheit fragten sie: Herr, haben wir wirklich alles hinzunehmen, auch wenn wir von anderen misshandelt werden?

Im Großen Evangelium Johannes ist die Antwort etwas ausführlicher dargestellt, indem Jesus sagte: „Oh, ihr Kleingläubigen, wie lange muss Ich euch noch ertragen?" Eine Formulierung, die die Jünger öfter zu hören bekamen, wenn sie vorangegangene Erklärungen vergessen hatten oder die Worte nicht in den Zusammenhang stellten, in den sie gehörten.

Es ging um das friedliche Zusammenleben in den damaligen Gemeinden und für erwachsene Menschen war es nicht mehr an der Zeit zu testen, wer der Stärkere blieb. Brach jemand Streit vom Zaun, war es nicht besonders hilfreich, ihm das mit gleicher Münze zurückzuzahlen. Es gab dieses eine Gesetz, das alle anderen in sich beschloss: Liebe deinen Nächsten wie dich selbst! Selbst wenn Worte der Versöhnung nicht gehört werden wollten, war es besser, Böses nicht mit Bösem zu vergelten, sondern es mit Vergebung zu versuchen. Nicht nur einmal und auch nicht sieben Mal, sondern Jesus sagte: Sieben mal siebzig Mal!

Das bezog sich auf das Leben an den Orten, wo jeder jeden kannte und ein auseinanderbrechender Zusammenhalt die Existenz aller bedrohte. Der Schaden war geringer, wenn man auf sein vermeintliches Recht auch verzichten konnte. Vielleicht kam dadurch ein Prozess des Nachdenkens in Gang und aus Feinden wurden sogar Freunde. Wenn nicht, würden sich alle auf der Verliererseite wiederfinden.

Etwas anderes war die Konfrontation mit kleinen und großen Tyrannen, die meinten, sich alles Erdenkliche anmaßen zu können. Wie es geschieht, wenn ein durch eine fehlgelaufene Erziehung verbogener Charakter Zugang zu äußerer Macht erhält. Wie ein Herodes. In seiner Kindheit mochte auch er Anlagen zum Guten gehabt haben, doch es wurden ihm nie Grenzen gesetzt, bis er in seiner Schrankenlosigkeit sich zu einem menschlichen Ungeheuer entwickelte und Unheil anrichtete, das in der Erinnerung der Menschen die Jahrtausende überdauerte. Die einzige Liebe, die ihm hätte entgegengebracht werden können, wäre kompromisslose Härte gewesen, um ihn von seinen Gräueltaten abzuhalten.

Es gibt eine weitere Aussage von Jesus: „Ich bin nicht gekommen, euch den Frieden zu bringen, sondern das Schwert!" Nicht die faulen Kompromisse, sondern das Eintreten für die Wahrheit! Sein irdisches Wirken nach der bekannten Hochzeit von Kana hatte damit angefangen.

Das „Johannes-Evangelium" des Neuen Testamentes vermeldet knapp, dass Jesus den Tempel in Jerusalem reinigte, indem Er alle hinaustrieb, die dort nicht hingehörten. Das „Große Evangelium

Johannes" berichtet zusätzlich die Einzelheiten: Der Tempel war von der gewinnorientierten Priesterschaft an Händler vermietet worden.

Während der Zeit des Passahfestes, wenn die Gläubigen des Landes zu Tausenden dorthin strömten, verwandelte er sich in einen riesigen Jahrmarkt, in einen Viehmarkt vor allem. Die heiligen Hallen waren angefüllt bis in die hintersten Ecken mit Ochsen, Schafen, Geflügel und anderem Getier, samt ihren Exkrementen. Auf langen Tischen wurde geschlachtet, das Blut floss in Strömen und die Eingeweide türmten sich zu Bergen. Unerträglicher Gestank und Lärm verbreitete sich und andächtige Seelen, sofern sie nicht schon in Ohnmacht gefallen waren, hatten einen schweren Stand, Gott die Ehre zu erweisen.

Dazu wimmelte es von Dieben und Raubgesindel und mancher konnte froh sein, wenn er dort nur seine gesamte Habe verlor und nicht auch noch sein Leben. Aber für die Tempeloberen war es jedes Mal das Geschäft des Jahres.

Jesus ließ sich Stricke bringen, flocht daraus eine Geißel, machte den Weg frei in die Mitte des Getümmels und rief mit gewaltiger Stimme: „Mein Haus ist ein Bethaus, ihr aber machet es zu einer Mördergrube!" Dieses sein Haus war einmal Ihm zu Ehren erbaut worden, und nun das!

Es war das Pech seiner Opponenten, dass sie Ihn nicht ernst nahmen und dagegen anschrien. Als die Geißel in Aktion trat, offenbarte sich seine göttliche Macht. Die Menschen wurden von nahe unaushaltbaren Schmerzen und die Tiere von Raserei befallen, ein fürchterliches Geschrei entstand, das Vieh floh in wilder Panik, alles niedertrampelnd, was im Weg war, und Händler und Käufer rannten um ihr Leben. Auch die vielen Geldwechsler, die ebenfalls dort ihre Geschäfte betrieben, stürzten Hals über Kopf davon, alles im Stich lassend; ihre Tische wurden umgestoßen und das Geld rollte über den Boden.

Jesus hatte sich mit diesem Vorgehen nicht beliebt gemacht bei den Händlern und Wechslern. Die Reaktion der Priesterschaft dagegen war vorerst ausgeblieben, weil sie vor lauter Eile keine Zeit zur Besinnung auf das Vorgefallene hatte und mit ihrer Dienerschaft das nun herrenlose Gut vom Boden klaubte und in die eigenen Taschen steckte.

Die Aufzeichnungen sprechen von tausend „Säckeln Goldes", die an diesem Tag zusätzlich in die Kassen gespült wurden bei den Tempelherren. Zwischen ihnen und Jesus war es zwar noch zu einem Wortwechsel gekommen, bei dem sie sich aber nicht getrauten, offen gegen Ihn vorzugehen. Sie versuchten, Ihn in eine Falle zu locken, doch wurden durchschaut und einfach stehen gelassen.

Liebe und Vergebung waren bei dem Vorfall im Hintergrund geblieben. Die einzige Liebe, die die Templer kannten, war ohnehin nur die zu ihnen selber in bedingungsloser Unterwerfung aller anderen. Doch dazu war Gott nicht in Menschengestalt auf die Erde gekommen.

Im Tempel fingen sie danach ernsthaft an, Pläne auszubrüten, wie dieser seltsame Magier aus dem Nichts – denn etwas anderes konnte Er für sie nicht sein – unschädlich zu machen sei.

Zweifellos hätte Jesus mit göttlicher Macht den ganzen Tempel samt seinem Umfeld mit einem Lufthauch vernichten können. Doch das war nicht im Sinn des Weltenplanes. Menschen sollten die Gelegenheit haben, die höchsten Höhen und die tiefsten Tiefen zu durchmessen und Gut und Böse in ihren extremsten Ausprägungen kennenzulernen; damit sie sich selber entschieden, auf welcher Seite sie mitwirken wollten an der Schöpfung. Das war ein Versprechen und ein Recht, das auch den ärgsten Widersachern zugestanden wurde. Beide Wege waren offen.

Die Tempelherren entschieden sich, den Einbruch in ihre Machtsphäre mit Gewalt aus der Welt zu schaffen. Sie rüsteten zu Strafexpeditionen. Einmal war es ein Heer tausend bewaffneter Kriegsknechte gewesen, das von ihnen losgeschickt wurde. Am See Genezareth, dem Galiläischen Meer, stiegen sie in eine Schiffsflotte, um von den Ufergebieten aus das dahinter liegende Land nach dem Rebell gegen die Ordnung zu durchkämmen. Sie gerieten in einen fürchterlichen Sturm, wurden gegen eine Felsküste getrieben und gingen an ihr zugrunde. Die Über-lebenden ließen sich an den Fingern einer Hand abzählen.

Aber hatte Jesus nicht gesagt: „Liebet eure

Feinde!"? Und jetzt hingen ihrer Tausend in den Felsklippen, an denen ihre Schiffe zerschellt waren! Ihre bleichen Gebeine vermoderten oder wurden zur Beute wilder Tiere. Wer hatte den Sturm losbrechen lassen?

Die Botschaft wurde nicht erkannt und kam nicht an bei denen, für die sie als Warnung gedacht war. Die Versuche wurden fortgesetzt, den Volksaufwiegler zur beseitigen, nur dass bei dem Verschleiß an Menschenmaterial nicht jedesmal weitere tausend Mann dafür zur Verfügung standen.

4.   Unerklärliche Heilungen

Was landauf landab am meisten für Aufsehen sorgte, waren die Heilungen. Völkerscharen waren es
manchmal, die kamen und ihre Kranken brachten.
Die Ursachen ihrer Leiden waren vielfältig, seien es
die Sünden der Vorfahren oder die eigenen, giftige
Ausdünstungen der Erde oder Hunger und bittere
Armut, wenn selbst das Nötigste zum Leben fehlte.
Wer vertrauensvoll zu Jesus kam, wurde geheilt
und auf eine geheimnisvolle Art gestärkt.

So wie das zwölf Jahre blutflüssig gewesene
Weib aus der Bibel, die im Volksgedränge nur gewagt hatte, den Saum seines Kleides von hinten zu
berühren und im gleichen Moment gesund war. Er,
der Heiler, hatte sich umgedreht und gesagt: „Dein
Glaube hat dir geholfen."

Doch nicht alle wurden geheilt. Krankheit war
der große Erziehungs- und Reifungsprozess, der die
Menschen zur Korrektur ihres Fehlverhaltens an-
hielt. War die Einsicht in eine falsche Lebensweise,
dem Ausleben von Leidenschaften und der Jagd
nach sinnlichen Genüssen, nicht vorhanden, hätte
Heilung die Menschen in ihrer verqueren Art nur
bestätigt, dass sie aufs Neue uneinsichtig drauflos-
lebten. So kam es, dass Jesus sich Leidenden liebevoll zuwandte, während Er an anderen vorüber-

schritt, ohne sie zu beachten.

Es gab Anlässe, bei denen Hunderte von Kranken gebracht und alle aufs Mal geheilt wurden. Doch bei denen, die ungeläutert gekommen waren, hielt die Heilung nicht an. Das waren die Fälle, die Wasser auf die Mühlen der Neider und Missgünstigen gossen, die Jesus nur zu gerne als Quacksalber und Scharlatan ausposaunten. Insbesondere die Templer waren erbittert, dass das Volk ihnen davonlief und nichts mehr wissen wollte von ihren teuer zu bezahlenden Bittgebeten.

Sie standen bereit zu höhnen und zu schmähen, sodass eine Anzahl Kranker ihnen Glauben schenkte und damit abgehalten wurde, sich Jesus zu nähern. Ihr Erwachen war bitter, wenn die überglücklichen Geheilten zurückkehrten und sie selber in ihrem Elend verblieben. Geholfen konnte ihnen erst werden, wenn sie aufrichtige Reue zeigten.

Wenn auch ungern, mussten die Gegner die Realität der Heilungen anerkennen. Doch hätten sie nichts dagegen gehabt, selber ebenfalls davon zu profitieren. Einmal wandten sie sich an Jesus: Würde ein von Ihm heilkräftig gemachter Ort, zu dem die Kranken hatten gebracht werden können, wohl auch späterhin seine wundersame Kraft behalten?

Sie mussten sich ins Gesicht sagen lassen, dass sie nichts anderes im Sinn hätten, als das Grundstück mit ihren finanziellen Möglichkeiten an sich zu reißen, es hochsicher umzäunen zu lassen und dann von allen Heilsuchenden deftige Eintrittspreise zu verlangen. Was nicht im Sinne der

Kranken sein konnte, aber umso mehr in ihrem eigenen. Krankheiten hatten schon immer zu den einträglichsten Einnahmequellen gehört.

Das gleiche bekamen auch Ärzte zu hören, die großsprecherisch an Krankenbetten herumdokterten, mit dubiosen Elixieren die Patienten gerade soeben noch am Leben erhielten und dafür dicke Honorare einstrichen. War der Kranke dann leider doch tot und die Zitrone ausgequetscht, schritten sie achselzuckend davon.

Jesus empfahl ihnen, Ihm nie mehr unter die Augen zu treten, wollten sie nicht seinen göttlichen Zorn verkosten. Viele Krankheiten und ihre Folgen wären nicht notwendig gewesen, wäre den Patienten von Anfang an Ruhe und Erholung in liebevoller Umgebung gegönnt worden.

In der Anonymität der Menge erduldeten die Kranken still ihre Leiden, bis sie geheilt wurden. Doch geschahen auch spektakuläre Dinge, die in einer ganzen Region bekannt wurden und für Aufregung und Erstaunen sorgten. Wie die Heilung der beiden Besessenen bei den Gadarenern, die am Ostufer des Galiläischen Meeres wohnten. Die Evangelien der Bibel berichten davon und im Großen Evangelium Johannes ist der Vorfall ausführlich geschildert.

Die Besessenen hatten die ganze Gegend in Angst und Schrecken versetzt. Sie wohnten in den Grabstätten eines Berges gegenüber der Stadt Gadara, schrien und tobten und schlugen mit Felsbrocken furchtbar aufeinander ein. Sie waren nackt und derart grimmig, dass niemand die Zugangsstraße des Ortes zu benutzen wagte. Sie mussten in Kontakt mit den Dämonen der schauerlichen Grabhöhlen sein, von denen ihnen übermenschliche Kräfte zuwuchsen.

Es hatte Versuche gegeben, sie zu bändigen. Eine Rotte der stärksten Männer überwältigte sie einmal und legte ihnen schwere Ketten an. Doch vergeblich: Alle Fesseln wurden gesprengt und das Toben mit grässlich verzerrten Gesichtern ging weiter Tag und Nacht. Niemand wagte auch nur von ferne, sich ihnen zu nähern.

Als Jesus zu ihnen kam, stürzten sie geradewegs auf Ihn zu. Sie fielen vor Ihm nieder und schrien. Doch es waren nicht die Besessenen, die schrien, sondern die in ihnen wohnenden Dämonen, die erkannten, dass ein unendlich Mächtigerer als sie gekommen war und damit das Ende ihrer Untaten. Sie beschworen Jesus, die Qual ihres Daseins nicht zu vergrößern und ihnen die Wohnung wegzunehmen.

Doch Er gebot ihnen, aus ihren Opfern auszufahren, was sie augenblicklich tun mussten, indem sie die Gestalt einer Unmenge großer schwarzer Fliegen annahmen. Aber hartnäckig forderten sie weiterhin, nicht ganz aus der Gegend vertrieben zu werden. Ihre Bitte wurde erfüllt.

Es war eine Region, in der die Menschen noch dem alten heidnischen Götterglauben anhingen. Ihr Beruf war das Züchten von Schweinen, deren

Fleisch ihnen von ihrer Religion nicht verboten war. Sie trieben damit einen schwunghaften Handel. In der Nähe weidete eine große Herde dieser Tiere.

Auf ihr dringendes Verlangen hin gestattete Jesus den Dämonen, in die Säue zu fahren, welche dadurch wild wurden und wie der Sturmwind losrannten auf einen Berg. Der endete auf der Seite des Meeres in einer weit hinaus ragenden Felswand. Aus schwindelnder Höhe stürzten die Schweine sich senkrecht hinunter, wo das Wasser am tiefsten war, und ersoffen. Zweitausend an der Zahl! Ihre Hirten waren entsetzt.

In der Stadt waren sie es ebenfalls, als die Kunde kam. Das Rätselraten war groß und die wahrscheinlichste Ursache der Kalamität wurde in der Rache der Götter gesehen. Wenn nicht der des mächtigen Zeus selber, dann wenigstens in der des großen Neptun. Wegen zu lauer und ungenügender Opferdienste vermutlich.

Man beschloss, ihn umgehend aufzusuchen und flehentlich um Schonung vor weiterem Unheil zu bitten. Ohne dass der entstandene Verlust erwähnt werden sollte, um nicht noch mehr des göttlichen Zorns herab zu beschwören. Die gesamte Bevölkerung machte sich auf den Weg.

Einige Anwesende allerdings waren der Meinung, dieser angebliche Neptun könne niemand anders sein als der berüchtigte Magier aus Nazareth. Aber ihn so schnell wie möglich wieder loszuwerden, erschien auch ihnen die beste Option.

Am Ort der Tat angekommen, war das Erstaunen

groß, keinen racheschnaubenden Gott vorzufinden, sondern die Schar der Jünger mit ihrem durchaus menschlich aussehenden Meister. Gewöhnungsbedürftig war auch der Anblick der ehemals Besessenen, die nun sauber bekleidet und mit freundlichen Gesichtern von dem Hergang ihrer Errettung erzählten und voller Dankbarkeit waren.

Doch das konnte die Angst der Einwohner nicht ausräumen, und sie baten die seltsamen Fremden inständig, ihr Land wieder zu verlassen. Was diese dann auch taten.

Als ihr Schiff von den Jüngern zur Abfahrt gerüstet wurde, eilten die beiden Geheilten herzu mit der dringlichen Bitte, in ihre Gemeinschaft aufgenommen zu werden. Jedermann würde sich bei ihrer Vergangenheit entsetzt von ihnen abwenden; Verachtung für den Rest ihrer Tage stand ihnen bevor, wenn sie alleine zurückblieben.

Doch Jesus hatte andere Pläne mit ihnen. Er sandte sie aus, im ganzen Ostjordanland Zeugnis von ihrer wundersamen Heilung abzulegen, mit dem Versprechen, im Geist bei ihnen zu sein und sie zu stärken in jeder Not. Sie taten es und viele Menschen kamen durch sie zum wahren Glauben, Einheimische und Fremde in gleicher Weise.

Durch die Heilungen und die öffentlichen Predigten, von denen eine der größten später als die Bergpredigt bekannt wurde, hatte sich der Ruf Jesu so sehr verbreitet, sodass es Tausende und Zehntausende waren, die ihm nachzogen zu allen Orten, von denen das Gerücht ausging, Er würde sich dort aufhalten. Die Häuser, in denen Er vermutet wurde, waren förmlich belagert, sodass manchmal nur die Hintereingänge blieben, um das Haus zu betreten oder wieder zu verlassen.

Acht Brüder waren gekommen mit einem ganzen Bett, in dem bewegungslos einer ihrer schon seit Jahren an Gicht erkrankten Verwandten lag, mit verdorrten Gliedern und fürchterlich verdrehten Gelenken, und eilten zum Aufenthaltsort des großen Heilers. Nur um zu sehen, dass das Haus von einer ungeheuren Volksmenge umlagert wurde und kein Durchkommen war.

Die Brüder wandten sich an den ihnen bekannten Besitzer des Gebäudes, der vorerst keine andere Auskunft geben konnte, als dass sich auch im Inneren die Menschen dicht gedrängt aufhielten, eine große Jüngerschar und eine noch größere an Pharisäern, Priestern und Schriftgelehrten aus der Region, die sich das Recht nahmen, solche Anlässe zu überwachen.

Guter Rat war teuer, aber er wurde gefunden und der Besitzer selber bot Hand dazu: Das Dach des Hauses war mit Schilf gedeckt. Würde davon ein Teil abgetragen, wäre der Zugang zum Dachboden möglich und von dort über eine Falltüre ins Innere. Die dort Anwesenden müssten dann nur die Köpfe einziehen.

Zur großen Gaudi der wartenden Menge wurde die Unternehmung ins Werk gesetzt. Nur dass ein übergenauer Templer, der wohl im Haus keinen

Platz mehr gefunden hatte, sich ereiferte, dass damit eine Sabatschändung begangen würde, denn es war gerade der Tag. Einer der Brüder nannte ihn daraufhin einen „alten Tempelochsen" und hatte, einmal in Fahrt, noch eine Menge anderer Dinge zu sagen. Das Volk klatschte Beifall.

Als sie bereit zum Abstieg waren durch die Falltüre, wurde von unten scharf hochgerufen, was es dort oben gäbe. Als Antwort schwebte an vier Seilen ein Bett herab, begleitet von Kommentaren, die von den priesterlichen Adressaten als sehr respektlos empfunden wurden, während sie bei den Jüngern große Heiterkeit auslösten. Doch alle zusammen mussten erst einmal Platz machen für das Bett.

Da lag nun der Kranke und bat weinend um Hilfe. Jesus, der den wahren Glauben in ihm erkannte, sagte: „Sei getrost, mein Sohn, deine Sünden sind dir vergeben."

Und schon gab es wieder Ärger mit einigen scharfen Schriftgelehrten, wenn auch nicht mit allen, denn mehrere waren durch die Vorkommnisse bei der Erweckung der Sarah, der Tochter des Jairus, sehr ins Denken gekommen und hatten eine Sinneswandlung durchgemacht.

Die anderen aber empfanden die gehörten Worte als pure Gotteslästerung. Allein ihnen selber kam das Recht des Sündenvergebens zu, von Gott erteilt. Wenn es denn gut genug bezahlt wurde. Was maß sich dieser Holzhandwerker überhaupt an?

Jesus fragte, was wohl einfacher sei, vom Sündenvergeben bloß zu reden oder Menschen damit auch gesund zu machen? Worauf sein Opponent erwiderte, Er möge reden, was Er wolle, bei diesem vollkommen verkrüppelten Körper, der da lag, würde dem Kranken ohnehin nur noch der Tod helfen.

Was folgte, ist die bekannte Szene. Im Matthäus-Evangelium heißt es, dass Jesus sagte: „Steh auf, nimm dein Bett und geh heim!" Der elendig verdrehte und verdorrte Leib wurde augenblicklich gesund und grade, das Fleisch kam wieder und damit auch die Körperkraft. Der Mann dankte weinend vor übergroßer Freude, stand auf, schulterte sein Bett und bahnte sich seinen Weg durch das große Gedränge der staunenden Menschen. Zurück blieben ein Volk, das Gott lobte und pries und einige sehr, sehr nachdenkliche Schriftgelehrte. Sie waren im Zweifel, ob und wie sie die alte Feindschaft gegen Jesus aufrechterhalten sollten.

Die Frage drängt sich auf, was in heutiger Zeit bei derartigen Vorkommnissen geschehen würde. Einen kleinen Hinweis dazu mag das Schicksal Bruno Grönings geben, der als einfacher Soldat aus dem 2. Weltkrieg zurückkehrte in ein weitgehend zerbombtes Land. Er wurde sich seiner Fähigkeit bewusst, Menschen heilen zu können, ohne die einzelnen dazu kennen zu müssen. Es gab zwar keine Zivilisationskrankheiten, weil es keine Zivilisation mehr gab, doch andere Leiden mehr als genug. Nie ließ er den geringsten Zweifel offen, Wem er diese Kraft zu verdanken hatte; sein eigener Anteil daran war Null.

Als sich sein Wirken herumsprach, kamen zuerst Hunderte zu ihm, später Tausende und endlich Zehntausende Heilungssuchender. Viele wurden tatsächlich geheilt.

Das Martyrium fing an mit äußerlichen Widerwärtigkeiten, die übergingen in endlose Verleumdungen und Gerichtsprozesse. Judasse verrieten Bruno Gröning und Richter brachen den Stab über ihn. Nach zehn Jahren waren seine Kräfte erschöpft in dem ununterbrochenen Kesseltreiben gegen ihn. Doch er verließ die Welt im innerlichen Frieden.

Hieß es: Liebet eure Feinde, dann wird er nicht ihre üblen Machenschaften geliebt haben, sondern den unzerstörbaren Seelenkeim der Gegner, die in diesem Leben durch Verirrungen gingen, aus denen sie sich nicht selber befreien konnten. Vielleicht hatte er in seiner letzten Stunde für sie gebetet. Geradeso wie viele für ihn gebetet haben werden, die durch ihn gesund geworden waren.

5. Wölfe im Schafspelz

Für den Tempel wurde das öffentliche Ärgernis durch die Heilungen nicht weniger und es wurden Häscher ausgesandt, die listig wie die Wölfe im Schafspelz versuchen sollten, den Gesuchten dingfest zu machen.

Da großangelegte Aktionen fehlgeschlagen waren, wurden kleinere Einheiten ausgesandt in besonderer Mission. Und es wäre nicht weit daneben, wenn das, um was es wirklich ging, auch beim Namen genannt würde: Meuchelmord! Der Auftrag war: Er – tot oder lebendig. Wenn lebendig, würde für das Weitere schon gesorgt werden.

Äußerlich mochten die Verfolger sich tarnen als strenggläubige Diener Gottes, die in einer Begegnung mit dem Gesuchten die Wahrheit hinter den Phänomenen erforschen wollten. Und Jesus ließ sich auch finden von ihnen. Nur tat Er das oft im Einflussbereich römischer Garnisonen, damit die frommen Diener nicht auf die Idee kamen, ihre unter Pilgerkleidern verborgenen Mordwaffen zu ziehen.

Die Begegnungen verliefen unterschiedlich. Suchten sie Jesu Aufenthaltsort auszuspionieren, liefen sie ins Leere. Ließ Er sich von ihnen finden, standen sie manchmal vor Ihm und erkannten Ihn nicht einmal. Gab Er sich seinen Verfolgern zu erkennen, merkten sie schnell, dass ihr gewöhnliches herrisches Verhalten fehl am Platz war, mit dem sie versuchten, Ihn durch ausgeklügelte Fangfragen der Rebellion gegen den Tempel zu überführen.

Jesus durchschaute ihre geheimen Gedanken und zeigte ihnen in den Heiligen Schriften alle Stellen auf, die prophetisch auf sein Kommen hinwiesen und auf seine unrechtmäßige Verfolgung. Womit Er sie einerseits nicht wenig in Verlegenheit brachte und andererseits ihren Zorn noch mehr anfachte. Vor allem, wenn er plötzlich wieder aus ihrem Gesichtskreis verschwand und aufs Neue unauffindbar war.

„Und Jesus entwich", hieß es dazu in der Heiligen Schrift. Einfache Gemüter werteten solch ein Verhalten vielleicht als Angst, wenn nicht gar als Feigheit. Sogar bei den Jüngern kam die Frage auf, warum der Gebieter der ganzen Welt sich versteckte und unerkannt bleiben wollte wie ein Dieb in der Nacht.

Es geschah aus Erbarmen mit seinen Gegnern. Denn das Gebot „Liebet eure Nächsten wie euch selbst!" wollte Jesus auch ihnen gegenüber gelten lassen. Da war es wenig hilfreich, Feinde in ihr eigenes Verderben rennen zu lassen. Nicht, wenn es sich irgend verhindern ließ. Nur wenn sie es unbedingt wollten, musste auch das zugelassen werden.

Der Herr hatte noch ein anderes Gebot gegeben, das höchste überhaupt: „Liebet Mich!". Es wollte dahingehend verstanden werden, dass jenseits von Gott nichts anderes mehr existierte. Ihn lieben bedeutete, Dasein und Existenz und die weisheitsvolle Einrichtung der Welt zu bejahen. Es gab nur die beiden Möglichkeiten: Ein unendliches Nichts oder das Weiterschreiten zu immer größerer Vollkommenheit. Wollten Menschen Menschen bleiben, mussten sie von ihren Irrwegen zurückkehren. Aber es durfte nie in ihren freien Willen eingegriffen werden, um sie nicht zu Automaten zu machen, die nie lernten, aus eigener Einsicht zu handeln.

Jesus ging oft in die wüstenhaften Gegenden östlich des Jordanflusses und hielt sich in vergessenen Dörfern auf, die niemand kannte. Niemand außer den Steuereintreibern des Königs Herodes, der anderen weltlichen Macht im Land neben der des Tempels.

Der Herodes-Clan hatte sich das Recht der Steuererhebung erkauft von den Römern, die seit dem unsäglichen 5000fachen Kindermord zwar wussten, mit welchen Unholden sie sich eingelassen hatten, aber sich durch bestehende Verträge gebunden fühlten. Der alte Herodes war von den Läusen zerfressen worden für seine Untaten und sein Nachfolger, ebenfalls ein Herodes, hätte auch nichts Besseres verdient. Seine Steuereintreiber saugten das Volk aus bis aufs Blut. In dem kargen Land wussten die Menschen ohnehin kaum, wovon sie leben sollten, geschweige denn wie den Steuerzins aufbringen, der oft noch maßlos erhöht war.

Unbarmherzig wurden ihnen von den Kriegsknechten die letzten Stücke Vieh davongetrieben, auch wenn sie nur Haut und Knochen waren. Die Dächer ihrer armseligen Hütten wurden über den Köpfen eingerissen auf der Suche nach Verwertbarem und wenn das nicht langte, den Einwohnern noch die Kleider vom Leib gezerrt und ihre Kinder gepackt, um sie auf den Sklavenmärkten an der Mittelmeerküste zu verkaufen. Die Römer hatten strenge Gesetze erlassen gegen derartige Gräuel, aber ihre Gerichte lagen weit weg. Klagen erreichten die zuständigen Stellen nicht oder nur selten.

Das war das Land, durch das Jesus mit seinen Jüngern zog und das Unheil glättete, das die Menschen befiel. Auf eine wundersame Weise ließ Er ihnen zukommen, was sie zum Weiterleben brauchten.

Zu Zeiten waren die Jünger paarweise ausgesandt worden und hatten von ihrem Meister den Auftrag und die Vollmacht erhalten, ebenfalls Gutes zu tun und gegen Ungerechtigkeiten vorzugehen. Einmal waren sie gerade dazugekommen, wie in einem Dorf die Kriegsknechte des Herodes besonders übel hausten, weil bei der in Lumpen gehenden Einwohnerschaft nichts mehr zu holen war. So hatten sie die Kinder und jungen Frauen gegriffen und gefesselt auf einen Wagen geworfen, um sie als Beute abzutransportieren. Der Jammer der Zurückbleibenden war unsagbar.

Einer der Jünger, war es Petrus?, trat hinzu und bedrohte den Anführer mit der Strafe des Himmels. Die Antwort war ein Hohngelächter und ein gezogenes Schwert. Doch bevor das Schwert traf, wurde der Unmensch selber getroffen von einem herabfahrenden Blitz und auf der Stelle zu Asche verbrannt. Seinen Untergebenen steckte bis ans Ende ihrer Tage ein Zittern in den Gliedern, sodass sie sich nie mehr an Gräueltaten beteiligten.

Zusätzlich zu dieser Plage waren es auch alle Arten von Krankheiten, an denen die Leute litten. Die Gicht machte sie zu Krüppeln, der Aussatz ließ sie bei lebendigem Leib verfaulen, Dämonen machten Menschen besessen in einem Zustand permanenter Raserei und Blinde, Taube und Lahme gab es mehr als genug.

Jesus heilte sie, überall, wo er hinkam. Da ließ es sich nie lange vermeiden, dass sein Aufenthaltsort bekannt wurde und das Volk wiederum in Scharen herbeiströmte und seine Kranken brachte. Es waren manchmal so viele aufs Mal, die gebracht wurden, dass sie auf einem Feld ins Freie gelegt werden mussten, bis Er kam. Mit einem Wort und einer segnenden Gebärde machte Er sie gesund von einem Moment auf den anderen.

Bis es wieder Tausende waren, die Jesus folgten und nach Ihm verlangten. Ereignisse wie die Bergpredigt und die anschließende Speisung der vielen Menschen, die tagelang ohne Nahrung waren, geschahen an mehreren Orten. Alle wurden gesättigt, körperlich von Brot, das sich wundersam vermehrte, und geistig von dem Wort, das eine neue Botschaft brachte anstelle der Gesetze des Tempels, die die Lehre Moses' in ihr Gegenteil verdreht hatten.

Es blieb nicht aus, dass die Vorkommnisse auch den Priestern zu Ohren kamen, die in den größeren Orten als Vorsteher ihrer Synagogen dem Tempel zur Berichterstattung verpflichtet waren. Sie zogen den Gerüchten nach und mischten sich unter das Volk. Jesus erkannte sie und richtete in seinen Reden Wahrheiten an ihre Adresse, die ihnen mächtig in der Nase rauchten.

Doch sie waren so sehr in der Minderzahl gegenüber der enthusiastischen Volksmenge, dass sie es nicht wagen durften, etwas Feindseliges gegen Jesus zu unternehmen. Dafür leiteten sie getreulich ihre Beobachtungen weiter an die „Zentrale" in Jerusalem, die daraufhin ihre Anstrengungen noch vervielfachte, den unbequemen Magier aus dem Weg zu räumen.

Wo immer ein Funke von Gutwilligkeit noch vorhanden war, schaute Jesus, ob die Gegner nicht zu gewinnen wären für den Weg zur Umkehr und Wahrheit. Wobei manchmal auch drastische Mittel zur Anwendung kamen.

Bei ihrer Wanderung durch das Land wurden Er und seine Jünger einmal durch eine Gruppe von Pharisäern am Betreten einer Stadt gehindert. Sie waren erkannt worden und wurden verlästert als Volksverführer, die ihre Hassreden verbreiteten. Ohne Gegenargumente auch nur zur Kenntnis zu nehmen, wurde der Tonfall der Gegner hitziger, die Lautstärke größer, ein Wort gab das andere, bis sie anfingen, Gewalt anzuwenden, um die missliebigen

Ankömmlinge vor den Stadtrichter zu schleppen. Dazu höhnten sie, wenn Jesus schon vorgab, göttliche Macht zu besitzen, möge er ihnen doch einmal ein Wunder vormachen.

Ihr Wunsch ging schneller in Erfüllung als ihnen lieb war: Neben jedem der Wütenden stand auf einmal ein gewaltiger Löwe. Die nächsten als Wächter geeigneten Löwen wären erst viele Tagesreisen entfernt in südlicher Richtung anzutreffen gewesen in den Weiten Afrikas, aber jetzt waren sie hier, 14 an der Zahl. Ein grollendes Knurren bei der geringsten Bewegung langte, um die Pharisäer zu der Überzeugung zu bringen, dass Stillhalten die bessere Option wäre. Die abendlichen Pilger durchschritten derweilen seelenruhig das Stadttor.

Ohne auf die weiteren wunderbaren Geschehnisse in der Stadt einzugehen, war es so gewesen, dass die Festgesetzten eine vollständige Wandlung in ihrem Seelengefüge durchmachten, bis sie wieder aus ihrer entsetzlichen Lage, in der sie die Pranken der Bestien schon im Genick spürten, erlöst wurden. Inständig baten sie Jesus um Vergebung. Sie waren blind gewesen und jetzt da sie sehen konnten, erkannten sie die Finsternis, in der sie gelebt hatten.

Ihr Anführer, der der grimmigste Wüterich gewesen war, versuchte ihr Handeln zu erklären: Seit je hatten sie der Lehre des Tempels vertraut, dass der Messias als ein strahlender Held und ein unüberwindlicher Rächer aller Feinde des Tempels in die Welt kommen werde. Als dann aber ein einfacher Zimmermann auftrat, Arbeiter auf den Baustellen seines Vaters Joseph, von dessen anspruchsloser Schlichtheit genügend Berichte vorlagen, wollte das nicht im geringsten zu ihrem Weltbild passen.

Als Jesus auch noch anfing, gegen den Tempel zu predigen, in dem schon lange eher der Satan zu Hause wäre als Gott, konnten sie nur in den Hass ihrer Oberen gegen Ihn einstimmen. Zumal deren Einnahmen sich um Tausende Pfunde Goldes verringerten, weil Er, der Blender, durch seine Zaubertricks und unerklärlichen, wer weiß wie bewerkstelligten Heilungen die Volksmassen auf seine Seite zu ziehen verstand und sie vom Tempel abwendig machte.

Der Hass auf Ihn wurde umso stärker, je größere Taten Er verrichtete und je deutlicher Er die Wahrheit aussprach und die Lügen enttarnte. Und sie als zwar ebenfalls Priester, aber doch nur das Fußvolk des Tempels im Vergleich zu den Hohenpriestern mit ihrer unbeschränkten Machtfülle, hatten mit den Wölfen heulen müssen.

Was der Hohepriester sagte, war Gesetz. Bestimmte er, dass 2x2 gleich 5 war, dann hatte es so zu sein. Sagte er, die Sonne sei schwarz, dann war sie eben schwarz, unbedingt. Für jeden, der gegenteiliger Meinung war, hatten sie genug Mittel, ihn zur besseren Einsicht zu bringen. Die Frage war, ob er die Korrektur überlebte

So die bisherige Sicht der Dinge. Doch damit sollte es bei ihnen für immer ein Ende haben. Sie würden zwar dem Wüten ihrer vielen uneinsichtigen Tempelkollegen kaum etwas entgegensetzen können, doch sie selber würden nie wieder ihre Stimme gegen Ihn erheben, dessen wahres Wesen sie nun erkannt hatten, geschehe, was da wolle.

Mit seinem Zukunftsblick konnte Jesus ihnen voraussagen, dass sie noch einmal gute Arbeiter bei der Verbreitung seiner Lehre sein würden, dass sie aber auch um seinetwegen viel auszustehen hätten und Verfolgungen erleiden würden. Doch jeder sollte ohne Furcht bleiben: In Zeiten der Not würde Er im Geist bei ihnen sein und niemanden allein lassen.

6. Umkehr aus Einsicht

Auf Fragen der Jünger, inwieweit seine Verfolger überhaupt bekehrt und zur Umkehr bewegt werden konnten, äußerte sich Jesus zurückhaltend: Es gab Grade der Seelenverhärtung, die kaum noch einer Änderung zugänglich waren. Wenn ja, bedurfte es außerordentlicher Umstände. Wenn sie durch Schicksalsfügungen die Grausamkeiten, die sie anderen antaten, am eigenen Leib selbst auch erlebten, dann vielleicht.

Dabei gab es unter den Verfolgern auch solche, die im Inneren bessere Gefühle hegten, sie aber aus Angst vor Repressalien nicht zu äußern wagten, sondern sorgsam in sich verschlossen. Dreißig von ihnen waren unterwegs in einem Schiff auf dem Galiläischen Meer und gerieten in Seenot. Die Wellen wurden höher, das Schiff, ein halbes Wrack von einem morschen Kahn, das einzige, das sie hatten auftreiben können, zerlegte sich in seine Einzelteile und die Reisenden schrien in der Finsternis der Nacht gellend um Hilfe.

Jesus befand sich auf einer Besitzung seiner römischen Freunde und machte sie auf das Unglück aufmerksam, das die Schar von Jungpharisäern bedrohte. Obwohl es bissige Bemerkungen gab, dass es bei dieser Art Zeitgenossen kein allzu großer

Schaden wäre, wenn sie den lieben Fischen zur Speise dienten, wurde ein Rettungsboot klargemacht. Man stieß wacker in die hochgehende See, erreichte die Schiffbrüchigen in letzter Minute und brachte sie glücklich an Land.

Die Angekommenen mussten erkennen, dass es römisches Territorium war, auf dem sie sich befanden und fragten, was sie schuldig wären für den Rettungseinsatz; eine Frage, die bei den eigenen Landsleuten nicht nötig gewesen wäre. Die hätten es sich zur höchsten Ehre anrechnen dürfen, einem Diener Gottes bei der Rettung behilflich zu sein, auch wenn sie sich selber dabei ersäuften. Aber bei den Römern fragten sie vorsichtshalber nach.

Der Herr des Geländes und eines großen Kurbetriebs, Markus, ein in Ehren ergrauter ehemaliger Soldat, winkte ab. Bei ihm wäre es nicht Sitte, Menschen nur um des schnöden Mammons willen zu retten – im Gegensatz zu ihnen selbst, die sich den kleinsten Dienst königlich bezahlen ließen. So wie es sich mit ihren Bittgebeten verhielt, die sie als oberste Diener autorisiert waren an die Gottheit zu richten für einen Hilfesuchenden. Die dafür ausgestellten Rechnungen konnten den Bittsteller dann finanziell nahezu zugrunde richten. Unnötig zu sagen, dass Jesus dieses bloße „Lippengeplärr" aufs Höchste verabscheute.

Die Angesprochenen, blutjunge Leute, schauten schuldbewusst drein bei diesen Worten und rückten heraus mit der Sprache: Dass sie selber schon lange nicht mehr hinter dem Tempel stünden, dass aber bei Widersetzlichkeiten nicht nur sie, sondern ihre ganze Sippe aufs Schärfste bestraft würde. Markus nahm das zur Kenntnis und bot an, sie zu bewirten, selbst als sie beichteten, dass sie als Hungerleider kaum noch über Geld verfügten.

An den benachbarten Tischen bemerkten sie eine große Gesellschaft, in der zu dieser späten Stunde noch lebhafte Gespräche im Gang waren. Als sie interessiert nach Näherem fragten, bekamen sie zur Antwort, dass es sich um den Freundeskreis eines römischen Hauptmannes handelte. Das junge Tempelvolk erblasste und das Herz fiel ihnen in die Hose. Sie hatten ihre Erfahrungen gemacht mit solchen Befehlshabern und es wurde ihnen erst jetzt richtig klar, wohin es sie verschlagen hatte.

Sie waren schon einmal an dem Ort gewesen auf ihren Streifzügen bei der Suche nach Jesus. In gewohnt arroganter Art hatten sie freie Kost und Logis gefordert, was ihnen als Abgesandte des Tempels zustand samt demütigster Bedienung. Ihr Pech war jedoch gewesen, dass sie sich im militärischen Sperrgebiet einer römischen Garnison befanden, das nur mit einer Spezialbewilligung zu betreten war. Führten sie diese mit sich?

Das Jungvolk hatte vollmundig verneint, sie wären nur Gott und dem Tempel Rechenschaft schuldig und sonst niemandem. Der Hauptmann Julius war in der Angelegenheit anderer Meinung gewesen und ließ kurzen Prozess mit ihnen machen. Sie hatten eine saftige Strafe zu zahlen und danach sahen die Bestimmungen vor, dass sie als Zuwiderhandelnde gebunden wurden. Zu gegebener Zeit waren sie dann, Augen und Ohren mit Lehm zugeklebt, abzutransportieren zu einem besonderen Ort des Gewahrsams.

Was auch so geschah. Nie mehr hatten die Jungpharisäer auch nur in die Nähe eines solchen Teufels und Wüterichs kommen wollen und jetzt waren sie wieder mitten in der Patsche. Sie machten sich ganz klein und hofften, sie würden nicht erkannt; entsprechende Reisepapiere hatten sie immer noch keine. Der Tempel in Jerusalem hatte verfügt, für sie als Gottesdiener wäre das unnötig, wenn sie nur markig genug aufträten.

Markus bemerkte ihre Pein und ermunterte sie frei zu reden, während er für sie auftischen ließ, was zu solch später Stunde noch vorrätig war. Die Gäste griffen herzhaft zu, die Stimmung hob sich und als erst ein paar Becher Wein geleert waren, der köstlichste, den sie jemals gekostet hatten, lösten sich ihre Zungen und sie erzählten von dem Elend, in das sie verstrickt waren.

Sie mussten mitschwimmen im Strom der großartigen Betrugsanstalt des Tempels, in der kein wahres Wort mehr bestand, am wenigsten die Worte Gottes. Lieber heute als morgen würden sie ihm den Rücken gekehrt haben, hätte eine Möglichkeit dazu bestanden. Indem sie ihre Abenteuer zum Besten gaben, erwähnten sie auch das Vorkommnis mit dem römischen Hauptmann.

An den Tischen der großen Gesellschaft wurde man

aufmerksam auf sie. Einer der Zuhörer kam herüber, setzte sich zu ihnen und fragte freundlich nach Einzelheiten. Es war Julius. Nur erkannten sie ihn nicht, weil sie zwar seine Befehle erlitten, ihn selber aber nicht zu Gesicht bekommen hatten. Mutig geworden packten sie mit der Wahrheit aus: Wie sie schlimmer als reißende Bestien behandelt worden wären, in dem Loch von einem Ort, das sogar für den Teufel zu schlecht wäre.

Ihr Zuhörer gab zu bedenken, dass dieser Julius vielleicht etwas umgänglicher gewesen wäre, hätten sie sich bei ihrer Ankunft nicht so arrogant aufgeführt. Ein Leben lang war ihnen eingebläut worden, dass solch ein Benehmen zu ihren guten Rechten gehörte, doch jetzt sahen sie ihr Fehlverhalten ein. Sie waren entschlossen, sich zu ändern und obendrein ihrem Frondienst zu entwischen.

Die große Frage war wie. In ihren Aussagen kamen sie immer wieder auf das „Verfluchte Wasser" zu sprechen, die gängige Maßnahme des Tempels, jeden Widerstand im Keim zu ersticken mit dem Gifttrunk, der mit Gottes Hilfe Schuld oder Unschuld an den Tag bringen sollte.

War jemand schuldig, zerriss ihm das Gift die Gedärme, bis er elendig krepierte. War er unschuldig, stand es Gott frei, seine schützende Hand über den Verdächtigten zu halten. Was aber seit Menschengedenken nicht vorgekommen war, außer in einem bemerkenswerten und besonderem Fall, von dem schon berichtet wurde. Auf einen derartigen Gnadenbeweis des Himmels hatten es die 30 Jungpharisäer jedoch nicht ankommen lassen wollen.

Schon als junge Knirpse waren sie von ihren prestigesüchtigen Eltern dem Tempel übergeben worden, der sie zu gegebener Zeit vor die Wahl stellte, Spione und Meuchelmörder in ihren Diensten zu werden oder das Verfluchte Wasser zu verkosten. Sie wählten das erstere, aber allzu gut war es ihnen dabei nicht ergangen, wie das Vorkommnis mit Julius gezeigt hatte, der immer noch an ihrem Tisch saß und sich die Geschichte genau berichten ließ.

Der große Schrecken kam, als Julius sich zu erkennen gab und ihnen das Geständnis abverlangte, dass sie wie Bluthunde auf die Fährte von Jesus angesetzt worden waren. War es wieder soweit, dass sie vor ihm zu zittern hatten? Dabei waren ihnen bei ihren Nachforschungen schon so viele wundersame Dinge des gesuchten Heilandes zu Gehör gekommen, dass sie die Lügen über Ihn nicht mehr geglaubt hatten und auch nichts zu seinem Schaden unternommen hätten.

Julius, der nichts höher schätzte als die Wahrheit und ein offenes Wort, beruhigte sie. Von ihm sollten sie keine weiteren Unannehmlichkeiten zu befürchten haben. Er versprach sogar zu helfen.

Das Hauptproblem war die vom Tempel praktizierte Sippenhaft. Sollte jemals ruchbar werden, dass Angehörige des Tempels sich ihrem Auftrag entzogen, an den sie mit schrecklichen Eiden gebunden waren, oder gar in neutrale Gebiete flüchteten, waren Eltern und Geschwister an der Reihe mit dem Verfluchten Wasser. Besser war es, als verschollen zu gelten, tot oder sonst verunglückt. Doch auch das war keine Garantie: Im Dienste des Tempels standen viele feine Ohren, die selbst in weit entfernten Ländern noch verdächtige Dinge zu erlauschen wussten.

Zu der erlauchten Gesellschaft am Nachbartisch, die zugehört hatte, kehrte Julius zurück, um sich mit ihnen zu besprechen. Es waren Jesus, Cyrenius und weitere hochgestellte Römer. Was war zu tun mit den Templern? Für Julius als einen unbestechlichen Diener und Verfechter des Gesetzes waren die dem Tempel geleisteten feierlichen Schwüre ein Problem. Durften sie gebrochen werden?

Jesu Stellungnahme war eindeutig: Weil sie erzwungen waren und alle Menschenrechte in den Schmutz traten, waren sie null und nichtig! In bösen Eiden gebundene Menschen aus dieser satanischen Gefangenschaft zu erlösen, war geradezu ein Werk der Nächstenliebe. Zumal sie im Tempel ihre eigenen Eide brachen, wann immer es opportun war.

Was den weltlichen Aspekt der Angelegenheit anging, verfügte Cyrenius ohne langes Nachdenken seine Anordnungen und mit diesen kehrte Julius zu seinen neuen Schützlingen zurück, um sie ihnen zu verkünden: Sie waren aufs Neue gefangenzunehmen! Und zwar endgültig wegen wiederholter Missachtung römischer Gesetze betreffend der Reisepapiere. Die Meldung davon ginge an den Tempel in Jerusalem und an die betroffenen Eltern, denen damit das Recht zustand, vor römischen Gerichten die Priester zu verklagen wegen des Verlustes ihrer im Tempeldienst schuldig gewordenen Söhne.

Diese waren vorerst in das römische Militär einzureihen, bis für sie Aufgaben gefunden wurden, die ihren Fähigkeiten entsprachen. Woran es in dem großen Römischen Reich zweifelsohne nicht fehlen würde. Die so Verurteilten waren mehr als zufrieden mit dem Richterspruch und freuten sich über ihr wiedergewonnenes Leben.

7. Gnade und Verdammnis

Die Taten, die den besonderen Unwillen der Herrschenden erregten, waren die an den Sabbattagen erfolgten Krankenheilungen. Jegliche Tätigkeit am Sabbat wäre eine Missachtung der Gesetze Moses' und damit ein fluchwürdiges Verbrechen. Nach ihrer Ansicht, die sich mit den Aussagen Moses allerdings kaum begründen ließ, hatte der Satan damit freien Zugriff auf die Seelen. Und das durfte nicht sein, außer sie selber als oberste Gottesdiener erteilten höchstpersönlich eine Ausnahmegenehmigung gegen ein schweres Opfer an Geld und Gold, das in ihre Kasse zu legen war.

Jesus fragte bei ihren gelegentlichen Zusammentreffen, was sie wohl täten, wenn einer ihrer Ochsen oder Esel an einem Sabbat in den Brunnen fiele. Ihn freundlicherweise herausziehen oder zuwarten bis zum Ende des Sabbats am nächsten Tag? Nur wäre unter Umständen das Tier bis dahin verreckt und verpestete mit seinem Kadaver den Brunnen. Dergleichen Fragen wurden allerdings nicht gerne gehört. Sabbat war Sabbat und niemand hatte an dem Tag einem Finger zu krümmen. Darauf wurde mit aller Strenge geachtet.

Das war denn auch der Grund, warum eine der großen Städte des Landes, Cäsarea Philippi, abbrannte bis auf die Grundmauern. Der Brand war an einem Sabbat ausgebrochen und man stand quasi mit verschränkten Armen dabei und durfte aus Gründen der Religion nicht löschen.

Es waren die Paläste der Pharisäer gewesen, die als erstes in Flammen aufgingen, und ihre Besitzer hatten die Zuversicht, den Schaden voll aus der Staatskasse vergütet zu bekommen. Unter Führung ihres ergrauten und mit allen Wassern gewaschenen Obersten machten sie sich, 50 an der Zahl, auf den Weg zum römischen Befehlshaber Cyrenius, der gerade in der Nähe residierte. Was sie nicht wussten, war, dass sich auch Jesus dort aufhielt, aber unerkannt bleiben wollte.

Und was sie ebenfalls nicht wussten: Cyrenius hatte angesichts der am Horizont lodernden Flammen Berichte angefordert über die Ursachen der Katastrophe. Er war gewappnet und in grimmiger Erwartung der frommen Gottesdiener, mit denen er nicht zum ersten Mal in ernsthafte Konfrontationen geriet.

In gewählten Worten wurde von den Ältesten der Synagoge ihr Anliegen vorgetragen, in hoffnungsfroher Gewissheit, dass ihnen als den Stützen der öffentlichen Ordnung ihre Bitte wohlwollend gewährt würde. Cyrenius dagegen hatte etwas anderes zu sagen: Wer hatte durch ein unsägliches Verhalten den allgemeinen Volkszorn so weit angeheizt, dass er schließlich in offene Rebellion umschlug, die vollkommen außer Kontrolle geriet? Das Ergebnis waren die Brandwolken, die den

Horizont verfinsterten; Hitzköpfe unter der Bevölkerung hatten angefangen, in ihrer Raserei die Stadt in Brand zu stecken und wegen des Sabbats hatte man obendrein dem Aufruhr weder Einhalt gebieten noch das Feuer löschen können.

Die Pharisäer waren zutiefst betrübt ob solch ihrer unerhörten Verleumdung und Schuldzuweisung; sie hatten sich nur durch die edelsten Motive leiten lassen. Cyrenius auf der Gegenseite fand, dass ihm bei der Verhandlung langsam die Galle hochkochte. Der Tatbestand war folgender:

Es hatte am Vortag eine totale Sonnenfinsternis gegeben. Das Volk in seiner Unwissenheit war an den Rand des Entsetzens geraten wegen des Verschwindens der Sonne und als sich dann noch ein weiteres seltsames Naturschauspiel am Himmel zeigte, brach die volle Panik aus. Alles lief zu den hohen Dienern der Gottheit mit der flehentlichen Bitte, mit ihrer Fürsprache bei Gott den drohenden Weltuntergang abzuwenden. In ihrer Unwissenheit hatten sie keine andere Erklärung.

Die Priester dagegen hatten eine und durchschauten die Ereignisse am Himmel. Doch sie packten die Gelegenheit beim Schopf und predigten scharf von der gerechten Strafe für des Volkes übergroße Sünde. Wenn überhaupt, ließe sich das Weltende nur noch abwenden durch das umfassende Opfer ihrer Besitztümer an Geld und Gold.

In ihrer großen Angst waren die Einwohner gerannt, alles abzuliefern und demzufolge fand dann der Weltuntergang doch nicht statt.

Allerdings hatte es in der Stadt noch einige besonnene Köpfe gegeben, die die Naturphänomene zu deuten wussten und die ihr Wissen verbreiteten. Als den Menschen klar wurde, dass alles sich auf natürliche Art erklären ließ und auf welch hinterlistige Weise sie um ihre Vermögen gebracht worden waren, herrschte voller Aufruhr mit dem Ergebnis, dass die Stadt zu einem Aschehaufen wurde. Doch die Pharisäer fanden, dass sie unschuldig wären.

Was sie denn gemacht hätten mit all den erpressten Reichtümern so kurz vor Weltuntergang?, wollte Cyrenius wissen. Zeit zum Verprassen wäre ja keine mehr geblieben!

Die Templer ließen sich nicht aus dem Konzept bringen und bewiesen messerscharf, dass sie gar nicht anders hatten handeln können als wie geschehen, weil die Panik im Volk sonst unvorstellbare Ausmaße angenommen hätte. Die Annahme der Vermögenswerte als ein stärkstes Opfer wäre das Ventil gewesen, das den Überdruck aus dem explodierenden Kessel ließ. Und wer konnte beweisen, dass sie nach dem Abkühlen der Emotionen nicht alles ordnungsgemäß zurückerstattet hätten?

Den Einheimischen, die bei den Verhandlungen anwesend waren, blieb die Luft weg. Sie kannten diese blutsaugerische Art. Jemals etwas zurückerstatten? Sie, die Templer?

Doch die ließen sich auf keine Diskussion ein, ob sie hätten oder nicht, sondern pochten auf das strenge römische Gesetz, das unanfechtbare Beweise der Schuld vorschrieb und die gab es nicht. Also waren sie unschuldig!

Cyrenius kannte die Schlauheit seiner Gegenspieler und ließ durch Schnellreiter weitere Zeugen aus der Stadt herbei beordern für die strenge Prüfung der Vorfälle. Bis zu deren Eintreffen wurden die Beschuldigten festgesetzt.

Denen fing die Angelegenheit an unter den Nägeln zu brennen, vor allem in Hinsicht auf die blutigen Gräueltaten im Verlauf der Revolte, die sich wie ein Flächenbrand ausgedehnt hatte und der sie gerade rechtzeitig noch entronnen waren.

Der Oberste der Pharisäer spielte in eiskalter Berechnung seinen größten und letzten Trumpf aus: Er zog ein Dokument hervor, mit den höchsten kaiserlichen Siegeln versehen, auf dem der Kaiser persönlich ihre absolute Immunität garantierte. Jeder, der es wagen würde, Hand an sie zu legen, wäre als Staatsfeind ersten Ranges zu behandeln.

Cyrenius war im ersten Moment verblüfft: Die Templer wären damit unangreifbar geworden! Doch es war Jesus, der im Hintergrund geblieben war, der das Dokument als Fälschung entlarvte, die auf eine äußerst raffinierte Art bewerkstelligt worden war.

Auf einen Betrug dieser Größenordnung stand die Todesstrafe. Das Spiel der Templer war zu Ende; sie sahen schon ihre Köpfe rollen, zumal sie sich unbeherrschterweise sehr grimmig über einen gewissen Aufrührer und Volksverführer geäußert hatten, der im Land sein Unwesen trieb. Cyrenius hatte zu dem

Thema eine andere Meinung und nun fürchteten sie seine Rache. Doch die Angelegenheit nahm einen für sie unerwarteten Verlauf.

Jesus sah, dass auch in den Übeltätern einmal ein guter Wille vorhanden gewesen war, auch wenn Er es jetzt bei ihnen mit potenziellen Mördern zu tun hatte. In ihrer Kindheit waren sie als Angehörige einer elitären Kaste im Umfeld des Tempels aufgewachsen. Dessen Einfluss war so dominierend, dass sie sich nie auch nur den leisesten Anflug von Widersetzlichkeit gegen ihre Erzieher hatten erlauben dürfen. Irgendwann war dann das Bewusstsein der eigenen Identität soweit ausgelöscht, dass sie als willige Vollstrecker der Pläne ihrer Oberen ausgesandt werden konnten.

Mit menschlichen Maßstäben allein ist nicht zu ergründen, welche Langmut Jesus mit ihnen aufbrachte. Wenn sich Ihm auch nur ein Fünkchen Gutes noch in ihren Herzen zeigte, versuchte Er, an ihre Einsicht zu appellieren und sie von ihrem bösen Vorhaben abwendig zu machen. Von ihren geistigen Fähigkeiten her gehörten sie zu den Besseren ihres Volkes und wenn sie für die Sache der Gerechtigkeit zu gewinnen waren, würden sie Segen statt Unheil bewirken. Die Augen durften ihnen geöffnet werden, doch die Umkehr musste aus ihrem eigenen Willen heraus geschehen.

Zu dieser Wandlung aller Werte des Lebens und der Totalrevision des eigenen liebgewordenen Charakters waren nur Menschen bereit, die vor den Trümmern ihres bisherigen Lebens standen. Das war bei den Templern so ziemlich der Fall. Alle Lügen und Betrügereien waren offenbar geworden und ihren Anführer bedrückte zudem ein abscheulicher Mord an einem Tempelkollegen zu Beginn seiner Laufbahn, mit dem sein Gewissen selbst nach Jahrzehnten nicht hatte fertig werden können.

Sie waren in der Gewalt der Römer und bereit, ein volles Geständnis abzulegen und ein anderes Leben fernab des Tempels zu beginnen, wenn sie nur gewusst hätten wie. Jesus sah, dass sie es ehrlich meinten und war bereit, ihnen zu vergeben. Cyrenius ermöglichte ihnen einen neuen Start, indem er ihnen das römische Bürgerrecht verlieh, mit dem sie vor den Nachstellungen ihrer früheren Herren geschützt waren. Eine veränderte Welt stand für sie offen, in der sie unter anderen Umständen und Bedingungen wirken konnten im Sinne der neuen Wahrheit.

Für sie war die Angelegenheit gut ausgegangen und noch weitere sollten für den Weg der Umkehr gewonnen werden. Doch es gab auch solche, die im Irdischen keiner Bekehrung mehr zugänglich waren, indem das Böse durch und durch von ihnen Besitz ergriffen hatte. Überspannten sie den Bogen, war es vorbei mit ihnen.

Mit seinen Jüngern hatte Jesus ein Schiff bestiegen, das sie auf dem Galiläischen Meer zu einem abgelegenen, kaum je von Menschen besuchten Fischerdorf brachte, in dem die Bewohner in ihrer Armut Hilfe bitter nötig gehabt hätten. Doch die hatten in ihrer absoluten Bedürfnislosigkeit nicht einmal das Gefühl, besonders unglücklich zu sein.

Sie waren in früheren Zeiten weit herumgekommen in der Welt, durchschauten die Hohlheit alles irdischen Getriebes und erwarteten nichts mehr vom Leben. Trotzdem waren sie erstaunt über den Besuch der Gäste und hießen sie willkommen; nur bekannten sie, dass ihnen für eine Bewirtung so gut wie alle Mittel fehlten. Was sie hatten, wollten sie zwar gerne teilen, nämlich Fische, ansonsten aber besaßen sie weder Tisch noch Bank, noch Geschirr und Besteck und nicht einmal Salz zum Würzen. Einfach nur Fisch, in Wasser gekocht und mit den Fingern zu essen, wie sie selber es taten.

Ihre Frage aber war, was die Neuankömmlinge wirklich bei ihnen suchten. Wurden sie verfolgt? Mussten sie sich verstecken? Jesus verneinte, aber das war nur die halbe Wahrheit. Er sah voraus, dass es hier zu einer Begegnung und Abrechnung kommen würde, die schon lange fällig war.

Der Fischer, der als erster die Gäste begrüßt hatte, begab sich in seine Hütte, um die besagte karge Mahlzeit zu veranlassen, kam aber mit Frau und Kindern nach kurzer Zeit freudestrahlend zurück. Wo hatte er nur seine Augen gehabt, nicht zu bemerken, dass von den Fremden sein Haus heimlich mit einem großen Vorrat an Lebensmitteln ausgestattet worden war? Für lange wären sie damit aufs Beste versehen und sofort solle für ein besonders gutes Mahl gesorgt werden. Als Jesus um einen Krug frischen Wassers bat und, als er gebracht wurde, es zu edlem Wein werden ließ, geriet das Weltbild des Fischers vollends ins Wanken.

Der Jünger Johannes übernahm die Aufgabe, ihn von seiner in Griechenland erworbenen stoischen Weltanschauung abzubringen, deren Ideal es war, den Tand des Lebens zu verachten und nichts mehr zu fürchten. Aber auch nichts mehr zu erhoffen als nur den Tod, der sie gnädig von dem Dasein befreite, das von unbekannten dunklen Mächten über sie verhängt war. Darin bestünde das wahre Glück und jeder, der es woanders suchte, liefe in die falsche Richtung.

Andere Nachbarn waren hinzugekommen und Johannes hatte harte Nüsse zu knacken, wollte er gegen solche Lebensweisheiten bestehen. Hatten sie denn hier noch nie etwas gehört von Gott? Sollte Er sich nicht doch als gnädiger erweisen als der Tod und das blinde Schicksal? Gespräche und Diskussionen gingen bis tief in die Nacht. Wunderbarerweise waren aus dem Nichts heraus bequeme Bänke und Tische entstanden und, als die Dunkelheit einbrach, eine helle Lampe, die ihr Licht über die Gesellschaft und den Strand, an dem sie saßen, erstrahlen ließ.

Die Fischer hatten einiges zu schlucken, was mit ihrer bisherigen Sicht nicht in Einklang zu bringen war. Nahezu unglaublich war es für sie gewesen, dass Johannes in einer Geistesschau alle Lebensstationen ihres Hauptredners, sowie jeden verborgenen Gedanken und jeden geheimen Ort bis ins hinterste Ägypten, an dem er je sich aufgehalten hatte, genau beschreiben konnte. Sie fingen an nachdenklich zu werden.

Einer der Fischer stand plötzlich auf und lauschte in die Nacht hinaus. Gefahr schien im Anzug zu sein; es wäre ratsam, die Lampe zu löschen. Geräusche waren zu hören aus der Richtung des Schilfgürtels, der mit seinen Untiefen die Bucht von der Seeseite her für Unkundige unzugänglich machte, indem sie sich in dem labyrinthischen Wildwuchs verirrten und auf Grund liefen.

Doch das sich nähernde Schiff musste von ortskundigen Lotsen gesteuert sein und es näherte sich schnell. Bald schon waren raue Stimmen zu hören und ihr höhnisches Lachen: Die „lustigen Vögel", nach denen sie schon lange gesucht hatten, saßen anscheinend nun so hübsch beieinander, dass sie bequem gepackt werden konnten. Was auch ohne Verzug und mit brachialer Gewalt bewerkstelligt werden sollte. Als das Schiff an Land stieß, sprang waffenklirrendes Kriegsvolk ans Ufer und wartete nur noch auf den Wink der Befehlshaber.

Die Dorfbewohner hätten ihrem Untergang wohl doch nicht in unerschütterlichem Gleichmut entgegengesehen, sondern wären schleunigst geflohen in geheime Verstecke im Gebirge des Hinterlandes. Doch Jesus beruhigte sie, wie Er das schon getan hatte bei der Bitte um Löschen des Lichtes.

Die Verfolger rückten an. Sie wurden um Gnade und Aufschub gebeten, aber die Antwort war ein gräuliches Fluchen. Die Ketten, die Opfer zu fesseln, klirrten schon. Die Verhaftung war auf der Stelle zu vollziehen, ohne jede Gnade! Die Waffen waren gezogen, mordbereit bei dem geringsten Widerstand. Alle Bitten stießen auf taube Ohren.

Das war ihr Ende. Die Angreifer wurden plötzlich steif und von den unerträglichsten Schmerzen ergriffen. Sie fingen an zu heulen, zu jammern und zu betteln. Sie schworen, alles zu tun, was nur verlangt würde. Als ihr Schreien sich weiter steigerte, war es für die Fischer fast nicht mehr zum Aushalten und sogar einige der Jünger baten um Gnade und Barmherzigkeit.

Von den umliegenden Bergen her erdröhnte ein gewaltiges Gebrüll von großen Raubtieren und das war die Gnade, die vorgesehen war für sie, die selber ihr Leben lang nicht auch nur einen Funken von Gnade und Barmherzigkeit gezeigt hatten, Teufel in Menschengestalt, die sie waren. Schon als junge Wichte hatten sie sich bei dem abscheulichen Kindermord des Herodes in vorderster Linie hervorgetan. Sie hatten unaussprechliche Grausamkeiten begangen. Unzählige zarte Mädchen und Knaben hatten sie zu Tode geschändet und danach ihr Fleisch den Bluthunden zum Fraß vorgeworfen. Wollten die armen Eltern nach dem Verbleib ihrer Kinder fragen, hatte auch für sie die letzte Stunde geschlagen. Das Maß der tausendfach gegangenen Gräueltaten war voll!

Auch wenn das Schmerzgeheul der Wüteriche noch ärger wurde, sah Jesus voraus, dass sie nur schlimmere Untaten begehen würden im Fall einer

Begnadigung. Ihre Seelen waren im Irdischen nicht mehr zu bessern. Eine Masse von Tigern und Bären sprang auf sie zu, schnappte sie ins Maul und trug sie wie die Sperlinge davon. Danach war nur noch das Knirschen der zermalmten Knochen zu hören. Als es irgendwann verstummte, war die Mahlzeit beendet und die Jünger hatten ihren Herrn von einer neuen Seite kennengelernt, die ihnen für ewig im Gedächtnis blieb.

Den Verrätern, ebenfalls armen Fischern, die das Kriegsschiff für geringen Lohn durch den Schilfgürtel gelotst hatten, war es weniger schlimm ergangen, doch auch sie erhielten einen Denkzettel, den sie ihr Leben lang nicht vergaßen.

8. Warum lässt Gott das zu?

Damals wie heute die gleiche Frage: Kann das ein
Beweis der Existenz Gottes sein, was auf der Erde
geschieht? Statt der gepredigten Liebe eine Welt von
Hass und Konflikten, von Not, Hunger, Elend, Kriegen und Krankheiten. War das nicht geradezu der
Beweis seiner Nicht-Existenz? Warum hatte Er mit
seiner Schöpfung nichts Besseres zustande gebracht?

Sogar die Menschen, die Jesus umgaben, waren
manchmal von Zweifeln angenagt. Die Untaten des
Herodes, die Gräuel des Tempels – hatte der Herr
keine Blitze mehr, um die Übeltäter zu zerschmet-
tern? Hätte Er nicht Feuer vom Himmel regnen
lassen können wie in Sodom und Gomorrha?
Warum ließ Er das schreiende Unrecht zu?

Das waren die Fragen der Jünger, wenn sie
authentische Berichte vernahmen über begangene
Scheußlichkeiten. Der unmenschliche Mord von
Bethlehem und Umgebung an den 5000 Knaben war
nicht vergessen und setzte sich in verborgenen
Stätten des Grauens weiter fort in der Opferung
unschuldiger Kinder, die ihr Blut lassen mussten für
magische Praktiken. Den Zuhörern drehte sich bei
den Schilderungen der Magen um.

Jesus erwiderte, dass es kaum ein blasser

Schatten wäre von dem, was Er selber sah und wusste. Ganze Völkerschaften waren im Namen entarteter Religionen ausgerottet worden und bei einem Blick in die Zukunft sah es nicht besser aus. Das Böse würde sich fortsetzen in nicht weniger grausamen Glaubenskriegen, bis die Maske fiel und Kriege offen ausgetragen würden im Namen einer neuen Religion: Geld und Macht.

Und doch war das alles ein Teil der göttlichen Vorsehung. „Ihr könnt es jetzt noch nicht fassen", sagte Jesus und die Jünger zweifelten, ob sie es jemals verstehen würden. Und über all dem blieb weiterhin die Frage: Warum lässt Gott das zu?

Erklärungsversuche gehen zurück bis zu Adam und Eva. Warum hatten sie in ihrem Paradies nicht ewig in Glück und Freuden leben können? Die Antwort ist bekannt: Es war die Schlange gewesen und das Prinzip des Bösen, das durch sie in die Welt kam. Sie war es, die den in Unschuld Lebenden einblies, von der verbotenen Frucht zu essen, von der alles folgende Ungemach ausging: Dem Apfel vom Baum der Erkenntnis des Guten und des Bösen.

Es existierten Überlieferungen, die noch um ein Weniges näher darauf eingingen. Wie das Unheil nicht nur einzig in dem Apfel gelegen haben konnte, sondern auch in der Art, wie er von der Schlange mit der Einflüsterung, wie süß er doch sei, überreicht wurde, als Eva unter dem Baum saß: Der Apfel wurde ihr in den Schoß gelegt und als Adam der Aufforderung Folge leistete, ihn dort zu suchen, fand er noch anderes und es war vorbei mit der paradiesischen Unschuld.

Er „erkannte" Eva, sein Weib, und so kam die Leidenschaft in die Welt. Und die Vorstellung wird kaum in die Irre gehen, dass sie erst damit zu eigentlichen Menschen wurden, sonst wären sie ewig Paradiesbewohner geblieben.

Ihre unmittelbaren Erlebnisse danach mochten trotz ihres schlechten Gewissens „süß" gewesen sein, wie die Schlange es versprochen hatte. Doch da der Apfel vom Baum der Erkenntnis stammte, war auch das Bittere nicht mehr weit. Was damit in die Weltentwicklung hineinkam, war die Notwendigkeit, zwischen gut und böse zu unterscheiden und Stellung zu beziehen.

Die Bedeutung davon sollten sie bald kennen lernen durch den Brudermord innerhalb der eigenen Familie zwischen ihren Kindern, Kain und Abel. Hätte Gott nicht verhindern können, dass es so weit kam? Dass sie nur die süßen Seiten des Lebens hätten erleben dürfen und alles Finstere und Grausame ihnen erspart worden wäre?

Die Frage kam immer wieder auf, ob beim Zusammensein mit den Jüngern oder bei den Treffen mit hochgestellten römischen Würdenträgern, die Jesus mit ihren Fragen aufsuchten. Sie hatten bei den Reisen durch ihr weitgedehntes Reich genug Elend angetroffen, gegen das auch die bestangelegte menschliche Gesetzgebung manchmal nicht viel bewirkte.

Davon abgesehen waren auch die Römer bei ihren Eroberungen nicht gerade sanft vorgegangen, doch immerhin hatten sie die „Pax Romana" geschaffen, den jahrhundertelang währenden Frieden für den größten Teil der Welt, wo vorher nur zu oft Chaos und Gesetzlosigkeit zwischen den Volksgruppen geherrscht hatte. Über lange Zeiten hinweg war es möglich geworden, das Gebiet des Imperiums gefahrlos zu bereisen, doch damit waren Ungerechtigkeit und Grausamkeiten nicht ein für allemal aus der Welt geschaffen. Das Gute, der Friede, musste immer wieder neu errungen werden.

Jesus versuchte, seinen Zuhörern die Grundgedanken der Schöpfung klar zu machen: Wesen, die ausschließlich in Schönheit und Harmonie miteinander lebten, in Liebe und Güte, wären deswegen noch keine richtigen Menschen gewesen, denn sie hätten den Unterschied zwischen gut und böse nicht gekannt.

Die Entwicklungsmöglichkeit zu den höchsten Höhen und in die Tiefen des Verderbens war allein irdischen Menschen vorbehalten. Sie durften wählen und die Freiheit des Wählens musste unantastbar sein, sollten sie Menschen bleiben. Edelste menschliche Eigenschaften konnten sich entwickeln, aber auch die verruchtesten Grausamkeiten. Keine höhere Macht sollte eingreifen bei Entgleisungen.

Damit jedoch für niemanden die Bäume bis in den Himmel wuchsen, existierte ein Korrektiv: Zu handeln, wie er wollte, war jedem freigestellt, aber die Auswirkungen der Taten kehrten zurück, ob sie im gleichen Augenblick eintraten oder nach langen Zeiträumen. Günstige Fügungen, Glück oder Elend im Leben, Krankheiten und Gebrechen, Unfälle und Katastrophen – das waren die Folgen vorangegangener Taten und Untaten.

Wenn Unschuldige dabei Schaden erlitten, musste es auf einer anderen Ebene zu einem Ausgleich kommen. Der Gedanke wollte nur weit genug gefasst werden: Das Leben war nicht eingeschlossen in die engen Grenzen von Geburt und Tod; stets waren es neue Räume der Existenz, in denen sich Schicksal ausgleichen würde.

Gefahren aus dem Weg zu gehen, wenn sie erkannt wurden und sich Vorkehrungen treffen ließen, war relativ einfach. Aber Kriege und Hungersnöte, weltweites Elend, das ungezählte Menschen betraf, und sie zu einem Dasein in Not und Gefahr verdammte – konnte Gott nicht wenigstens bei den Kindern ein Einsehen haben und sie verschonen?

Aus menschlicher Sicht wäre die Frage vielleicht berechtigt. Aber war es die Angelegenheit Gottes, den Unrat zu beseitigen, den die Menschen hinterließen, wenn sie mit dem Geschenk des freien Willens nichts Besseres anzufangen wussten, als möglichst viel für sich selber dabei herauszuschlagen, ohne sich um das Elend anderer zu kümmern? War es nicht die ureigenste Aufgabe der Menschen mitzuhelfen, dass alle leben konnten? Für was sonst waren sie auf der Erde?

Es wäre kaum sinnvoll, die Weltgesetze umzustoßen, dass sie jedem dienten und nach Belieben zu handhaben waren. War die geschaffene Welt nicht optimal, würde allein die Bemühung um jede gute Tat und jeden wahren Gedanken sie besser machen. Die unerbittlich eintretenden Konsequenzen jeder Handlung wiesen in die Richtung, welche die Entwicklung zu nehmen hatte.

Denn was würde in einer Welt geschehen, die keine Konsequenzen kannte? Würde man nicht drauflosleben in aller Beliebigkeit, wenn es zum Beispiel keine Schmerzen gäbe? Schmerzen und Unglück waren die Warnungen, bevor es zu spät war. Bevor durch eine falsche Lebensweise die Leiber verfielen, machte es Sinn, dass sich schon vorher die Gedärme oder andere Organe peinvoll meldeten. Bevor es in der Welt zu brennen anfing, machte es Sinn, dass sich die Katastrophe durch Qualm oder sonstige Anzeichen bemerkbar machte. Wenn sie als Vorboten verstanden wurden!

Ähnlich verhielt es sich mit den Fragen nach der Abschaffung oder zumindest Linderung der materiellen Not. Bei seinen Zusammenkünften mit Jesus suchte der Statthalter Cyrenius in langen abendlichen Gesprächen nach Antworten: Mochten Menschen auch Geistwesen sein mit der Bestimmung, ihre Anlagen zu den edelsten Fähigkeiten zu entwickeln, so hatten sie doch einen irdischen Körper, der versorgt sein wollte.

Würde bei zehrendem Hunger, brennendem Durst und eisiger Kälte nicht jede geistige Regung im Inneren erdrosselt? Durch übermächtige äußere Not konnten sich unendlich viele Menschen im Überlebenskampf kaum zu einer Ahnung ihrer unsterblichen Seele aufschwingen. Sollte die göttliche Vorsehung nicht jedermann die bedingungslose Grundversorgung der leiblichen Bedürfnisse sichern als eine angemessene Basis für das Streben nach höherer Erkenntnis?

Jesus wollte die edlen Motive zu diesem Ansinnen nicht anzweifeln, doch stellte Er die Gegenfrage, was wohl aus der Menschheit würde bei einer Rundumversorgung ohne besonderem eigenen Einsatz und Mitarbeit. Hatte es nicht genug Völkerschaften gegeben, denen günstige Umstände ein paradiesisches Leben bescherten, bis sie sich abgewöhnt hatten, selber auch nur einen Finger krumm zu machen und am Ende so träge wurden, dass sie ihren eigenen Untergang herbeiführten?

Wo waren die mächtigen Städte geblieben, wo Babylon, der einstige Mittelpunkt einer Welt von Prunk, Pracht und sündiger Genüsse? Über die Ebenen am Euphrat wehte der Staub im Wind und ihr Dasein war vergessen, bis, erst nach Jahrtausenden, ihre Überreste ausgegraben wurden.

Not und Sorge waren die Grundelemente der Entwicklung, durch die die Menschen überhaupt erst erfinderisch wurden; ein Gratiseintritt ins Paradies war nicht vorgesehen. Und die sich auf der Sonnenseite des Lebens befanden, hatten ausgiebig Gelegenheit, sich ihrer weniger glücklichen Brüder und Schwestern zu erinnern, auf dass es ihnen nicht einmal ähnlich erginge.

Das war es, was das wahre Menschsein ausmachte und was Jesus dem irdischen Herrscher halb Asiens und Afrikas auseinandersetzte: Dass wir uns alle gegenseitig zu helfen hatten! Was uns kaum je bewusst wäre, würde jeder wohlversorgt nur für sich leben, ohne auf der weiten Welt noch irgend jemanden zu brauchen.

Cyrenius sah ein, wo das Problem lag und weitere Beispiele unterstrichen das Bisherige. Beispiele, die in ihrer Deftigkeit nach heutigem Empfinden an Taktlosigkeit grenzten. Aber wann war die pure Wahrheit je taktvoll gewesen?

Ein Leben ohne jegliche Not und damit auch ohne Initiative war zu vergleichen mit einem am Meeresgrund sitzenden Polypen. Von seinen Tentakeln ließ er die vorbeischwimmenden nahrhaften Bissen in sich hineinstopfen, bis er schier platzte und das war es schon, sein ganzes Leben. Und das Polypendasein war nicht nur auf das Tierreich beschränkt.

Die bedingungslose Wohlversorgtheit würde Menschen hervorbringen, die auf der faulen Haut lägen, ohne je noch etwas zu denken oder zu tun. „Siehe, Ich dürfte der Menschheit nur hundert nacheinanderfolgende sehr gesegnete Fruchtjahre geben, und alle würden vor Faulheit wie die Pest zu stinken anfangen." Das war wörtlich der abschließende Kommentar des Herrn zu dem Thema.

9. Rätsel im Kosmos

Was heute jedes kleine Kind weiß, war vor 2000 Jahren ein nur wenigen zugängliches Geheimwissen. Fragen nach dem Wesen des Kosmos kamen immer wieder auf bei den vielen Begegnungen der Menschen mit Jesus. Wie durch eine innere Stimme gerufen, strömten sie zu Ihm aus allen Himmelsrichtungen.

Menschen wie die römischen Gesandten wussten schon, dass die Erde keine flache Scheibe war, und dass in Kulturen weit im Osten Asiens ein Wissen lebte von einem Sonnensystems als der wahren Grundlage des irdischen Seins. In ihren Gesprächen baten sie Jesus um weitere Aufklärung. Er erfüllte ihnen den Wunsch und der besseren Anschaulichkeit halber erschuf Er für sie eine Miniatursonne samt den Planeten, in der bloßen Luft.

Was sie erblickten, bestätigte ihre Vermutungen und ließ sie voller Staunen davorstehen. Sie sahen die Sonne im Zentrum, um die sich der Wirbel der Planeten drehte und weitere geheimnisvolle Objekte. Was auffiel, waren die harmonisch geordneten Abstände der Umlaufbahnen, bei denen es jedoch an einer gestimmten Stelle eine Lücke gab. Wo ein Planet hätte sein sollen, war keiner!

Zeitalter später, bei der Erforschung des Weltraums, war das ebenfalls aufgefallen. Mit der technischen Vervollkommnung der Teleskope zeigten sich jedoch an genau dieser Stelle eine Unzahl von in den verschiedensten Bahnen kreisenden Kleinstgebilden, die den Namen Asteroiden bekamen.

Noch vor weniger als hundert Jahren war es eine der gängigen Theorien, dass es sich um die Trümmer eines geborstenen Planeten handelte, der bei einer Katastrophe im Weltraum zugrunde gegangen war, aus was für Gründen immer. Heute ist diese Theorie weitgehend fallen gelassen worden. Stattdessen wird angenommen, dass es Brocken sind einer Materieanhäufung, die es nie bis zur Bildung eines ordentlichen Planeten gebracht hätten. Seltsam nur, warum sie sich gerade an dieser Stelle versammelten, zu Hunderttausenden, wo sie sich doch bei der riesigen Ausdehnung des Sonnensystems überall hätten verteilen können. Sollte es eine unangenehme Wahrheit sein, die verdrängt wurde?

Es gäbe in der Tat einen Grund, eine beängstigende Tatsache zu leugnen, würde ernst genommen, was Jesus damals seinen Zuhörern beschrieb. Es ging um die Lücke im Planetensystem und es war tatsächlich ein Planet, der fehlte!

Dieser Himmelskörper war ausersehen gewesen als Heimstatt für eine Menschheit, die vor allen anderen Bevölkerungen des unendlichen Universums zu ungeahnten Höhen hätte aufsteigen sollen. Die besten Geistesgaben waren ihr verliehen worden und nicht zuletzt der freie Wille, damit ihre Angehörigen keine Marionetten wurden, sondern zu

Kindern Gottes sich entwickelten, die in seiner Nachfolge zu immer höheren Stufen gelangten.

Das Unglück des Planeten mochte begonnen haben mit kleineren Zuwiderhandlungen gegen gegebene Weltgesetze, so wie es auch nur ein einfacher Apfel gewesen war, mit dem der Zwist auf der Erde angefangen hatte. Eins mochte zum anderen gekommen sein und der freie Wille wurde zu einem unheilvollen Fetisch, bis es Mord und Totschlag gab, weil stets nur der eigene Wille gesehen wurde und nie der der anderen. Die Menschheit zerfiel in große Machtblöcke, die sich gegenseitig bis auf den Tod bekämpften.

Mit der verliehenen Intelligenz wurden verheerende Waffen erfunden. Jesus sprach in dem Zusammenhang von „bösen Sprengkörnern", ein Ausdruck, der vielleicht zu belächeln ist, aber den Kern der Sache trifft. „Körner" mag gestanden haben für relativ kleine Mengen an Materie, die bei entsprechender Aufbereitung die Energie für eine weltzerreißende Sprengkraft freizusetzen vermochten, das „Böse" in Reinkultur.

Das Ende: Die Menschen des Planeten legten in großer Tiefe riesige Tunnelsysteme an, von denen aus sie die Länder ihrer Gegner in die Luft sprengten. Was sie dabei nicht kannten oder außer Acht ließen, war die Fähigkeit der in immer tieferen Schichten angebohrten Materie zur Selbstentzündung in einer nicht mehr kontrollierbaren Kettenreaktion. Was denn auch geschah: Es zerriss den Planeten in eine Million Einzelteile. Eventuelle

Besorgnisse betreffs der irdischen Verhältnisse wären rein spekulativ.

Oder doch nicht? Die Apokalypse des Johannes in der Bibel hätte einiges zu vermelden, wenn ihre Sprache verstanden würde. Doch auch der Trost wird verheißen, dass Gott keine vollständige Vernichtung mehr zulässt. Der Hinweis auf die „Menschen in den weißen Kleidern" ist der Garant, dass die Erde mit einer geläuterten Menschheit weiter bestehen wird.

Die Trümmer des geborstenen Planeten, der um ein Vielfaches größer war als die Erde, verteilten sich zwischen den Umlaufbahnen von Mars und Jupiter, fielen auf diese Planeten und ebenso auf die Erde und in die Sonne. Für die Weltraumfahrt eine interessante Herausforderung, an Ort und Stelle Näheres auszuspähen. Da der Mond schon erkundet war und man unbemannt, aber erfolgreich zum Mars aufbrach, würden sich als nächstes die Asteroiden anbieten als lohnende Objekte. Das Große Evangelium Johannes vermeldet, was zu finden wäre:

„… die körperlich sehr riesenhaft großen Menschen wurden bei der Berstung des Planeten in den freien Himmelsraum hinausgeworfen … einige sitzen und liegen tot und ganz verdorrt in ihren Häusern, die auf den größeren Planettrümmern noch bestehen."

Bleibt die Frage, ob es nicht anders hätte kommen können. Aber, so die Fortsetzung: „ … (die Menschen) sind zuvor schon viele und lange

Zeitläufe hindurch belehrt, ermahnt und gewarnt worden. Es ward ihnen gezeigt, was sie zu erwarten haben. Sie hielten aber alles das in ihrer großen Weltklugheit für Hirngespinste ... Die Großen und Vornehmen glaubten ihnen (den schlichten Sehern) nicht nur nicht, sondern verfolgten sie nach allen Richtungen auch mit Feuer und Schwert ... jeder, der es wagte, irgend etwas ... laut auszusprechen oder zu schreiben, wurde ohne alle Gnade getötet ... (mit) unbarmherziger Härte ... ".

Weltenalter später wurde der Auftrag, die Nachfolge des Planeten anzutreten, der Erde und ihren Bewohnern erteilt. Um es besser zu machen.

Bei der Demonstration des Miniatursonnensystems war auch die Rede von weiteren unentdeckten Planeten gewesen. Doch Genaueres dazu würde erst in ferner Zukunft von Belang sein, wenn die technischen Mittel zu ihrer Beobachtung entwickelt wären. Für das bloße Auge waren sie wegen der immensen Entfernungen nicht sichtbar.

1842 erhielt Jakob Lorber, nachdem vorher der 7. Planet, Uranus, per Zufall von einem Astronomen entdeckt worden war, durch das innere Diktat des Herrn die Mitteilung von der Existenz des äußersten 8. Planeten und von seinem Namen: Miron, Welt der Wunder. Es war ein umfangreicher Bericht, der die astronomischen Daten enthielt, aber weit darüber hinausging, indem eingehend die Landschaften beschrieben wurden, die Tier- und Pflanzenwelt und die dort lebende Menschheit.

Dass bei einem Himmelskörper, der etwa tausendmal größer ist als die Erde, mit seinem Vielfachen des Abstandes zur Sonne, sich auch die übrigen Verhältnisse sehr anders gestalten, dürfte einsehbar sein. Insbesondere was die Menschenwesen betraf:

Dass sie bei der Größe des Planeten ebenfalls sehr viel größer waren als auf der Erde und dabei doch von einer schönen Gestalt. Dass sie in Frieden und Eintracht miteinander lebten als Großfamilien in einer Art dörflicher Gemeinschaften. Dass sie wenig Sinn hatten für technischen Fortschritt und für das Zusammenraffen von Eigentum gar keinen, indem es ihre Freude war, sich gegenseitig zu helfen und Besitz miteinander zu teilen. Die allgemeine Friedlichkeit machte die Bildung von Staaten und Großorganisationen überflüssig.

Die Zeit Jakob Lorbers war die Epoche des wissenschaftlichen Aufschwungs und der Beginn der rasanten technischen Entwicklung. Für die Akzeptanz geistiger Werte und Mitteilungen blieb wenig Platz, so dass sie unbekannt blieben.

Was dagegen alle Welt feierte, waren die mit wissenschaftlichen Mitteln errungenen Erfolge. 1846 wurde der 8. Planet auch äußerlich entdeckt und „Neptun" genannt, was als eine Großtat galt, auch wenn er sich bei der Beobachtung nur als ein winziges Pünktchen in den Weiten des Himmels darstellte. Es mussten hundert Jahre vergehen, bis mit der Entwicklung technischer Hilfsmittel mehr bekannt wurde zu dem Himmelskörper: Er würde, selbst wenn es Leben gäbe im Kosmos, vollkommen unbewohnbar sein, Eisklotz, der er war, mit gemessenen Temperaturen von weniger als minus 200 Grad am Rande des Sonnensystems im ewigen Dämmerlicht!

Hätten sie in ihren Instituten die Angaben über Miron studiert, wären sie zu dem Schluss gelangt, dass ihre Ansicht zwar stimmte, aber nicht ganz: Der Planet war von einer riesenhaften Atmosphäre umgeben mit einer reflektierenden Oberfläche von makelloser Reinheit an ihrer äußeren Grenze. Diese atmosphärische Hülle hatte die Wirkung einer Linse, die die spärlichen Sonnenstrahlen sammelte und sie auf die Äquatorregion richtete. Diese mochte klein sein gegen die Größe des Planeten, war aber nach irdischen Maßstäben immer noch riesig. So hatten sie dort in diesem Bereich eine angenehme Temperatur, während der übrige Planet vereist blieb. Und die besondere Bildung der Augen der Lebewesen ließ auch für sie bei weniger Licht eine perfekte Sicht zu in der Welt, in der sie lebten.

Die mitgeteilten Berichte umfassten die vielen seltsamen Aspekte des Daseins auf dem Miron. Doch wurden von interessierten Zuhörern auch Beschreibungen der anderen Planeten erbeten, sowie die von Mond und Sonne.

Der Mond hatte einmal eine Eigenrotation besessen sowie eine Atmosphäre und Wasser. Diese leichtbewegliche Materie hatte bei der relativ schnellen Drehung um die Erde den Gesetzen der Fliehkraft folgen müssen und befand sich stets auf der erdabgewandten Seite. Nachdem die Eigenrotation durch die ständigen Reibungseffekte zum Erliegen gekommen war, kehrte der Trabant seinem Zentralgestirn nur noch die stets gleiche Seite zu, während Luft und Wasser auf der Rückseite blieben, wo sie zur Lebensgrundlage einer primitiven Zivilisation wurden. Deren menschenähnliche Wesen mussten sich wegen der extremen Temperaturschwankungen meist unter der Oberfläche aufhalten, hatten aber beim Wechsel von Mond-Tag und -Nacht die Möglichkeit des Anbaus von Nahrungsmitteln.

Die Sonne. Die Möglichkeit organischen Lebens wird von der Wissenschaft wegen der angenommenen Oberflächentemperatur von 5000 Grad als eine Absurdität abgetan. Dagegen sprechen die Neuoffenbarungen von Hochkulturen mit einem für uns unvorstellbaren Reichtum an Lebensäußerungen. Dass dort andersartige, und irdischen Wesen nicht zuträgliche, physikalische Verhältnisse herrschen müssen, wird verständlich durch die Größe der Sonne, dem Millionenfachen der Erde.

Dass sie ihre Energie einer ununterbrochen im Inneren ablaufenden Kernfusion verdankt, ist eine Hypothese der Wissenschaft, der eine vollkommen andere Erklärung gegenübersteht: Die Sonne ist von einer atmosphärischen Hülle umgeben, die an ihrer Außenseite eine glänzende Oberfläche besitzt, die die Strahlung von Milliarden anderer Sonnen auffängt und reflektiert, sowie weiterer Quellen der Energie, die in den unermesslichen Weiten des Kosmos sich befinden und deren Größe ebenso unvorstellbar ist wie die Unendlichkeit von Raum und Zeit.

Menschliche Augen sind nicht geschaffen für die Wahrnehmung dieser Strahlung, doch von der Sonne wird sie gebündelt und reflektiert, dass sie sichtbar ist als Licht, der Quelle allen Lebens. Unterhalb dieser atmosphärischen Außenhülle der Sonne befindet sich die für uns nicht sichtbare eigentliche Oberfläche, auf der die Intensität der Energie soweit abgenommen hat, dass ideale Daseinsbedingungen herrschen.

Ob es die wissbegierigen Römer und Griechen waren oder die Jünger mit ihren einfachen Gemütern, immer wieder kamen die Fragen auf. Unter anderem nach der Größe des Universums. Die Antwort war: Ihr werdet es nicht fassen können! Trotzdem versuchte Jesus, seinen Zuhörern eine anschauliche Darstellung zu geben.

Die Sonne mit den sie umgebenden Planeten umkreist auf ihrer Bahn durch den Kosmos zusammen mit der Unzahl der benachbarten sichtbaren Sterne ein um das Millionenfache größeres Gestirn, ihre Zentralsonne, die wegen der Entfernung nur als Stern unter Sternen sichtbar ist. Die Umlaufzeit ist etwa 28000 Jahre, in denen jedesmal weitreichende Veränderungen stattfinden. Auf der Erde verändern sich in solch einem Zyklus die meteorologischen Bedingungen und die Ozeane. Abwechselnd sammeln sich die Wasser je einmal auf der südlichen und auf der nördlichen Halbkugel. Während auf der einen Seite neue Landgebiete mit erneuerter Fruchtbarkeit aus den Ozeanen steigen, versinken die Erdteile auf der anderen in den Fluten. Die Geologen hätten bei der Analysierung der Sedimente einiges zu sagen bei den in Jahrmillionen durch wiederkehrende Überflutungen entstandenen Erdschichten.

Der Überblick, den Jesus seinen Zuhörern gab, eröffnete immer größere Räume im Universum. Auch die Zentralsonne ist nur ein Staubkorn in der Unendlichkeit, das mit seinem Sternengebiet um ein noch größeres Zentrum kreist. Weitere Gebiete von Zentralsonnen kreisen ihrerseits um immer größere Himmelskörper, die sich wiederum mit ihrer Gefolgschaft um noch größere drehen, bis alles einen vorläufigen Abschluss findet in der Urzentralsonne, für deren Größe und Entfernung es keine irdisch denkbare Zahl mehr gibt.

An dieser Stelle begannen die Zuhörer zu verzweifeln an ihrem Fassungsvermögen und seufzten: Herr, uns fängt es entsetzlich an, schwindelig zu werden! Weitere Erklärungsversuche wurden abgebrochen, weil auch der unvorstellbar große Bereich der Urzentralsonne nur ein Gebilde unter vielen gleichartigen war. Für einfache Menschengemüter konnte der Versuch, das Wesen der Unendlichkeit begreifen zu wollen in einer mentalen Erschöpfung enden.

10. Die Einzigartigkeit

Nach solchen Darstellungen blieb die eine große Frage bei den Zuhörern: „Herr! Warum ist es gerade diese kleine Erde, dieses winzige Staubkörnchen im unendlichen Universum, die so etwas Besonderes sein soll und auf die Du gekommen bist? Dir hätten doch Welten von unvorstellbarer Pracht und Größe zur Verfügung gestanden!" Die Antwort war vielschichtig und immer wieder wurden andere Aspekte angetönt, warum es gerade die Erde war.

Einmal, bei nächtlichen Gesprächen, unterbreitete der Statthalter Cyrenius den Vorschlag, mit Jesus zusammen in die Hauptstadt Rom zu reisen, um Ihn dort in die höchsten Kreise einzuführen. Er wollte geradestehen dafür, dass selbst der Kaiser, sein Oheim, die göttliche Sendung im Erscheinen des Messias erkenne und Ihm alle Mittel, die eine Weltmacht zu bieten hatte, zu Diensten stelle, um jeden Streit zu beenden und die Erde in ein Paradies zu verwandeln.

Jesus wollte die edlen Motive dahinter nicht verkennen, aber sein Anliegen war weder das Paradies noch die Macht, aus der heraus Er ohnehin alles in unendlicher Fülle erschuf. Was Er dagegen nicht erschaffen konnte, waren freie, sich selbstbestimmende Menschen. Das konnten nur sie selber und der Weg, ihnen dabei zu helfen, führte über die Demut, sich zu ihnen zu begeben und sich klein-zumachen zu einem neugeborenen, hilflosen Kind, das in einem Stall das Licht der Menschenwelt erblickte.

Pracht und Größe gab es genug in den Weiten des Kosmos, auf Welten, wo Wesen in Harmonie miteinander lebten mit unvergleichlich schönem Aussehen und edlem Gemüt. Doch alles war ihnen geschenkt worden ohne ihr eigenes Bemühen und sie beneideten, wenn sie Kunde von ihnen erhielten, die Menschen der Erde. Deren Möglichkeit, in der Nachfolge eines Höchsten Wesens zu immer weite-rer Entwicklung zu gelangen, war Ihnen selber ver-wehrt. Außer sie entschlossen sich, aller Harmonie und Schönheit zu entsagen, alles hinter sich zu lassen und sich in einem irdischen Leib zu inkar-nieren, wie ärmlich es auch werden mochte.

Pracht und Größe waren auch auf der Erde zu Hause. Nur waren sie in den Palästen der Reichen zu oft gegründet auf die Frondienste vieler Elender, die auf ewig in ihrem Zustand zu verbleiben hatten. Für diese unternahm Jesus seine Mission in der Hoffnung, sie würden Ihn erkennen und Ihm nachfolgen.

Die Frage, warum gerade die Erde das Zentrum des Universums sein sollte, könnte auch heute noch wissbegierige Gemüter um ihren Schlaf bringen. War sie doch weniger als ein Stäubchen am Rande einer Galaxie, die ihrerseits wiederum kaum mehr als ein bloßes Nichts war unter unendlichen vielen anderen Welten in den intergalaktischen Räumen. Was sollte das Einzigartige sein an der Erde?

Jesus versuchte, bei seinen Zuhörern ein Verständnis darüber zu wecken durch den Vergleich mit dem menschlichen Organismus. Was war es, das Menschen zu Wesen machte mit einem warmen pulsierenden Leben? Worin bestand Leben? Ob es vorhanden war oder nicht, wann es anfing oder aufhörte, ließ sich feststellen, aber was jedem Zugriff verschlossen blieb, war das Erzeugen von Leben selber, eine Gabe, die ausschließlich höheren Wesen zukam, als Menschen es waren. Mochte die Wissenschaft analysieren, experimentieren und manipulieren – war das Leben einmal entflohen, blieb nur noch der Zerfall, den niemand aufhalten konnte.

Doch wodurch wurde uns Leben zuteil? Jesus sagte, dass es uns zukam durch ein winziges Organ des Körpers, ein allerkleinstes Pünktchen nur im Gesamtorganismus, durch das es hindurchfloss aus göttlichen Sphären. Mit äußeren Mitteln war dieser Punkt so wenig zu entdecken wie die Seele zu finden war unter dem Seziermesser.

Andere Bereiche hingegen mochten weitgehend erforscht sein, womit auch die Möglichkeit entstanden war, so ziemlich alles im Körper zu ersetzen, bis er im Extremfall ein wandelndes Ersatzteildepot wurde. Was aus der Sicht der Branche auch als wünschenswert galt; eine ganze Medizinalindustrie bezog daraus ihre Einkünfte. Nicht auszudenken der wirtschaftliche Zusammenbruch, wäre jeder plötzlich gesund! Allein schon deswegen würden sich manche eine Wiederkunft Jesu dringend verbeten, Heiler, Heiland, der Er war, durch den das Geschäft ruiniert wäre.

Was aber nicht zu ersetzen sein würde, war dieses stäubchengroße Organ des Lebens, das „unansehnlichste Partikelchen", wie Jesus es nannte, im dazu vergleichsweise riesigen menschlichen Organismus. Er gab auch den Ort an, wo es sich befand: im Herzen!

Im Grunde hatten das die Menschen schon seit Beginn der Schöpfung gewusst. Wie sonst hätten wohl die Bezeichnungen Eingang in die Sprache gefunden, die die Herzlichkeit mit dem Herzen in Verbindung brachten, wenn etwas herzhaft war, herzerwärmend und herzensgut. Das Herz konnte bluten oder brechen in herzzerreißendem Herzeleid, oder auch vor Freude hüpfen und im Leibe lachen. Herzen konnten verloren oder gar gestohlen werden und noch tausendfach anderes.

Um den Kreis zu schließen: Diese Winzigkeit im Inneren des Herzens, ohne die der Mensch nie den Anschluss an Leben und Bewusstsein erhalten hätte, hatte ihre Entsprechung in der Winzigkeit der Erde im Vergleich zu der unvorstellbaren Größe des Universums. „Ihr könnt es jetzt noch nicht fassen", war wieder der Kommentar gewesen. Mit dem Zusatz, dass für offene Gemüter die Zeit des Verstehens käme nach dem Durchlaufen ihrer Erdenmission.

Inzwischen ist allerdings das Zeitalter der Herztransplantationen angebrochen. Werden dadurch nicht solche „esoterischen" Spekulationen ins Absurde verwiesen? In den Hochburgen der Medizin hatte wohl nie ein Zweifel daran bestanden, dass das Herz schlussendlich auch nur ein Ersatzteil war. Gäbe es nur diese Lieferschwierigkeiten nicht und damit die Engpässe!

Bei der Verpflanzung lebender Herzen stellte sich die Frage: Gehörten sie nicht jemandem anderen? Der allgemeine Konsens war zwar, dass der andere nicht mehr lebte und es folglich nicht mehr brauchte. Aber er musste noch lebendig genug sein, dass sein Herz funktionierte. Und wenn es bei der Entnahme sehr, sehr schnell zu gehen hatte – war immer garantiert, dass der andere wirklich und wahrhaftig ganz und gar tot sein würde?

Fragen dazu waren wohl sehr provokativ. Wie lange ginge es noch, bis bei dem bekannten Mangel an Spenderherzen der Spendefreudigkeit nachgeholfen würde? Immerhin handelte es sich um das große Geld. Es musste ja nicht unbedingt vor der eigenen Haustür sein; die Welt war groß genug, wo mit Mitteln, die niemanden zu interessieren brauchten, für Nachschub gesorgt würde, wenn die Kasse stimmte. Ein Szenario, von dem unbedarfte Zeitgenossen nicht ahnten, wieweit es schon Realität geworden war.

Für Querdenker stellte sich zusätzlich die Frage, wie sich ein Empfänger fühle mit einer neuen „Pumpe", damit aber auch mit dem Lebenszentrum eines anderen? Zur Unterbindung der Abstoßung fremden Körpergewebes war die lebenslange Einnahme von Immunsuppressiva zwingend notwendig. Aber was bei der Abstoßung fremder Gefühle und Emotionen bei einer seelischen Inkompatibilität von Spendern und Empfängern?

Vielleicht hatte auch da die Pharmaindustrie eine Antwort für die Nachbesserung der unvollkommenen Schöpfung Gottes.

Die Jünger und ihr Meister durchzogen die Länder in ihrer ganzen Länge und Breite und taten Gutes, wo immer sie konnten, heilten Kranke und befreiten Gefangene, die in lichtlosen Kerkern dahinvegetierten. Ein Hauch nur von Jesus und die Kerkermauern wären zerstoben zu einem Nichts, doch Er hielt sich an bestehende Gesetze, die den Freikauf der Unglücklichen verlangten, die sich durch widrige Umstände in Schulden verstrickt hatten. Nur noch Schatten ihrer selbst und unfähig, ihre Schuld abzutragen, moderten sie ihrem Ende entgegen.

Jesus beglich ihre Schuld einmal mit dem Geld einer wohlhabenden Gönnerin, wodurch Er von den Templern verschrien wurde als der Verschleuderer des Vermögens anderer, das Ihm nicht gehörte und das obendrein nur für falsches Mitleid mit dem Abschaum der Menschheit verwendet wurde. Weswegen dann leider nicht mehr das ganze Geld zur Verfügung stehen würde, falls sie je durch juristische Winkelzüge Zugriff auf den Rest bekamen. Wenn es um den Besitz alleinstehender Frauen ging, hatten sie besondere Fähigkeiten entwickelt.

Die Schar, die Jesus umgab, bestand oft aus wesentlich mehr Menschen als die zwölf Jünger, die später als die Apostel bekannt wurden. Alle wollten sich in den Dienst der Sache stellen und mussten versorgt werden, wenn unterwegs ein Nachtlager gesucht wurde. Der vorzufindende Komfort war unterschiedlich. Manchmal war es nur ein einfacher Feldstein am Wegrand, auf den sie ihr müdes Haupt legen konnten; manchmal aber auch die Annehmlichkeit, die eine Großherberge zu bieten hatte. Solche Herbergen gab es vor allem entlang der Handelsstraßen, auf denen die Hunderte von Tieren und Menschen umfassenden Karawanen aus dem Osten Asiens zogen.

Für die Bewirtung so vieler Menschen hatten die Wirte für ausreichende Vorräte gesorgt, doch musste auch mit Engpässen gerechnet werden. Die einfachste Kost, Brot und Wein, war jederzeit zu haben und es war auch das erste, das sich die Gäste bei ihrer Ankunft reichen ließen. Wenn es danach noch wohlzubereitete Fische gab, war die Mahlzeit für die Jünger komplett; mehr verlangten sie nicht.

Zuzeiten haperte es damit und ein bekümmerter Wirt musste gestehen, dass der Vorrat an lebendigen Fischen in seinen Wasserbecken und Teichen aufgebraucht sei. Es war nicht immer einfach, Nachschub von den Niederungen des fischreichen Jordan-Flusses oder vom See Genezareth zu erhalten, zumal es schnell zu gehen hatte mit den Transportbehältern, damit es keine Verluste gab.

Es kam vor, dass Jesus den Wirt ermunterte, noch einmal nachzuschauen, was dieser zwar als aussichtslos ansah, weil die Teiche bis auf den letzten Fischschwanz ausgefischt seien, aber er ging trotzdem. Danach rieb er sich erstaunt die Augen ob der quirligen Menge an Fischen. In welchen verborgenen Winkeln mochten sie sich nur versteckt haben? Sofort wurden alle fleißigen Hände von Dienern und Küchenfeen in Bewegung gesetzt und es ging nicht lange mit der Zubereitung eines köstlichen Nachtmahls für die Gäste.

Es waren Edelfische der besten Art und der Duft zog in der Gaststube bis zu den Nachbartischen. Den manchmal dort sitzenden Pharisäern stieg der Geruch in die Nase und ungnädig ließen sie den Wirt rufen: Warum ihnen derartige Gaumenfreuden vorenthalten würden? Ihres bekannten herrischen Auftretens wegen waren sie als Gäste nicht besonders beliebt.

Was von ihnen bestellt worden war, sei auch geliefert worden!, war die Antwort, mit der sie sich zufrieden geben mussten. Was ihnen aber nicht sehr behagte und ihre Laune wurde nicht besser durch das Aufschnappen von Gesprächsbrocken von den Tischen der Nachbarn, an denen eine muntere Unterhaltung im Gang war. Pharisäer waren gewohnt, selber der Mittelpunkt jeder Gesellschaft zu sein und dass ihnen die gebührende Aufmerksamkeit gezollt wurde, was aber nicht der Fall war. Wenn ihnen dann noch der schwarze Verdacht kam, dass dort Anhänger des berüchtigten Quertreibers aus Nazareth saßen, geriet ihr Weltbild ganz aus den Fugen.

Es stand Wein auf den Tischen der Jünger, dem gerne zugesprochen wurde, um die Zungen zu lösen und die Gemüter aufzuhellen, aber alles in Maßen. Die unzufriedenen Beobachter fühlten sich jedoch veranlasst, die Gefolgschaft Jesu als „Vollsäufer" zu verhöhnen, was bei solch einem Anführer auch weiter nicht verwunderlich wäre. Befanden sich Frauen bei der Gesellschaft, wurde auch ihretwegen nicht mit anzüglichen Bemerkungen gespart. Bis es dem Wirt langte und er den Spöttern freistellte, die Räumlichkeiten zu wechseln oder sich ganz zu empfehlen.

Die lebhaften Gespräche gingen bis weit in die Nacht hinein. Manchmal waren Menschen aus den umliegenden Orten anwesend, die weltliche Ämter innehatten, über eine gehobene Bildung verfügten und die Autorität von Jesus gerne anerkannten bei dem, was Er zu den verschiedensten Lebensgebieten zu sagen hatte. Mochten es Fragen des menschlichen Zusammenlebens sein, die rechte Erziehung der Kinder oder die Regelung zwischen den Geschlechtern. Was Er zum Thema Geschlechtlichkeit zu sagen hatte, wäre auch heute hochaktuell, nur wird man darauf gefasst sein müssen, etwas ganz anderes zu hören als die allgemein dazu verbreiteten Ansichten.

Politische und wirtschaftliche Zusammenhänge

wurden angesprochen, Fragen zu Gesundheit und Krankheit und die Probleme des Strafvollzuges bei Schwerverbrechern und Raubmördern, an denen weiterum oft die Todesstrafe vollzogen wurde. Nicht, dass Jesus allgemeine Milde befürwortete, aber Er sah nur zu gut die Rachsucht der Seelen der Hingerichteten, die aus der anderen Welt heraus alles aufboten, um Unheil auf der Erde anzurichten. Alle würden gewinnen, könnte man bei ihnen, wenn irgend möglich, eine Besserung ihres Verhaltens bewirken, solange sie in ihren irdischen Leibern steckten.

Einzelne Wissbegierige hatten noch in der Stille der Nacht ihre Fragen an Jesus. Bei solchen Gelegenheiten kam die rätselhafte Einzigartigkeit der Erde im Weltganzen erneut zur Sprache. Wieder wurde der Vergleich gezogen zu dem mikroskopisch kleinen Zentrum alles Lebens im menschlichen Herzen, das der medizinischen Wissenschaft unbekannt war.

In einer heutigen Sprache würde es vielleicht als die Schnittstelle zwischen der materiellen und der geistigen Welt bezeichnet werden. Die unendlich vielen Lebensäußerungen im Materiellen seien nur der Existenz dieses einen Punktes in der Mitte des Lebens zu verdanken, ohne den (Zitat) „alle Glieder ebenso so tot und unbeweglich wären wie die eines ehernen Götzenbildes."

Doch die Impulse mussten auch wieder zurückfließen in die geistige Welt in einem steten Austauschen und Strömen durch die Mitte, ein ununterbrochenes Geben und Nehmen. Denn Stillstand hätte nichts anderes bedeutet als den Tod.

Und ebenso verhielt es sich mit der Erde als dem winzigen Mittelpunkt in den unermesslichen Weiten des Kosmos, durch den diese Räume, Welträume, Sternenwelten, erst verlebendigt wurden mit der Essenz dessen, was auf der Erde durchlebt und durchlitten wurde.

Es waren nur wenige, die Jesus innerlich folgen konnten. Doch wer sich aufzuschwingen vermochte zu der Höhe des Verständnisses der Mitteilungen, den nannte Jesus „meinen Freund und Bruder", in dessen Herzen seine Worte lebendig geworden waren und der bei Ihm bleiben würde bis ans Ende aller Tage.

Nach solchen Abenden begab man sich erst spät in der Nacht zur Ruhe, wobei Jesus es vorzog, die Schlafenszeit gleich an Ort und Stelle in den Ruhesesseln zu verbringen, die auch zum bequemen Sitzen bei Tisch gedient hatten. Befragt dazu, gab Er an, dass das halb aufrechte Sitzen eine natürlichere Schlafhaltung sei als die ausgestreckte auf einem ebenen Lager.

11. Vorstufen eines Verrats

Die Geduld, die der Herr der Ewigkeit mit seinen Menschen hatte, überstieg alle Begriffe. Sie konnten in eine falsche Richtung davonrennen und Er ließ ihnen den Willen, wissend, dass sie jenseits von Ihm im Nichts landen würden, bis sie als unsterbliche Seelen wieder umkehren müssten, sei es auch erst nach Weltaltern.

Eines der vorzüglichsten Beispiele göttlicher Geduld offenbarte sich am Schicksal von Judas Ischariot, dem Verräter. Was hatte Jesus nur bewogen, sich mit ihm einzulassen! Hätte Er nicht im Voraus wissen können, dass die Dinge außer Kontrolle geraten würden mit ihm?

Die Frage lässt sich mit einer Gegenfrage beantworten: Wäre der Welt gedient gewesen, wenn Jesus souverän alle Misslichkeiten abgewehrt und nach der Zeit seines irdischen Wirkens sich bequem zur Ruhe gesetzt hätte, um dann friedlich im Bett zu sterben? Auch Judas hatte seine Rolle zu spielen im Ablauf der Ereignisse.

So wie er war, hätten ihn die anderen Jünger am liebsten ins Pfefferland gewünscht. Unter ihnen war er ein Fremdkörper und sie fragten sich, wann dem Herrn endlich die Geduld ausginge mit ihm. Anlässe dazu hätte es genug gegeben, doch es war ihm immer wieder vergeben worden und so blieb er.

Während das Wesen der übrigen Jünger durch ihre Herkunft aus einfachen Verhältnissen geprägt war, konnte Judas eine Art weltmännischen Auftretens an den Tag legen, das er sich durch sein Leben in fremden Gegenden und Professionen angeeignet hatte. Er verbreitete Betriebsamkeit und bot sich an, als Sachverständiger in Finanzfragen die Rolle des Zahlmeisters und Verwalters ihres Missionswesens zu übernehmen.

Allerdings trank er auch gerne einen über den Durst, wodurch er manchmal zurückblieb, um seinen Rausch auszuschlafen, während die anderen schon unterwegs waren auf ihren Wanderungen durch das Land. Zudem war er auch immer wieder in privaten Geldgeschäften tätig in Zeiten längerer Abwesenheit. Die Jünger hofften, dass er einmal ganz wegbleiben würde, doch sie sahen sich in ihren Erwartungen getäuscht. Judas war nicht abzuschütteln.

Es hatte angefangen, als der Jünger Thomas einmal für kurze Zeit die Gemeinschaft verließ zu einem Besuch im Ort seiner Familie und dabei begeistert von seinen neuen Erfahrungen berichtete. Unter seinen Zuhörern war Judas gewesen, der sofort die Chance witterte, die sich bot, Anschluss zu finden an eine Welt von magischen Kräften, von denen er meinte, profitieren zu können.

Zu der Zeit ernährte er sich eher kümmerlich

durch einen Handel mit Töpferwaren, doch er hatte bessere Verhältnisse gekannt als Sohn einer wohlhabenden Familie. Nur war ihm bei diversen Transaktionen das Geld durch die Finger zerronnen, nicht zuletzt durch einen verlotterten Lebenswandel.

Doch er glaubte, aus seinen Fehlern gelernt zu haben und lebte in der Hoffnung auf den großen Wurf in der Gemeinschaft der Jünger, in die er seine Kenntnisse in Geldfragen einbringen wollte. Eine Überlegung, die nicht ganz aufging, denn Jesus nannte materiellen Gewinn in Form klingender Münze den „Unrat der Hölle". Hatte Er nicht Tausende gespeist, ohne Geld zu gebrauchen?

Das war ernüchternd, doch Judas ließ sich nicht entmutigen. Er war sich noch nicht im Klaren über das wahre Wesen Jesu. Er erlebte zwar erstaunliche Wunder mit, aber interpretierte sie als die Kunstgriffe eines großen Magiers, bei dem er eine Schulung zu durchlaufen hoffte, um ähnliche Fähigkeiten zu erlangen, die zu Reichtum und Macht verhalfen. Geld und Geltung waren die großen Themen in seinem Leben und damit würde er auch in der heutigen Gesellschaft durchaus im Trend liegen.

Jedenfalls wäre nur so die Basis zu schaffen für ein nachhaltiges Wirken in der Welt, war seine Meinung. Jesus erwiderte, dass das volle Vertrauen auf Gott mehr wert sei als alle Schätze der Erde. Judas hielt dagegen, dass der Kaiser in seinem Weltreich das Geld eingeführt habe zur Erleichterung des Verkehrs unter den Menschen. Da sollte sein Gebrauch doch unmöglich eine Sünde sein? Außerdem könne man es freundlicherweise auch den Armen zukommen lassen. Dabei war gerade er es, der an um Almosen flehende Bettler vorbeischritt, ohne seine reichgespickte Geldbörse zu öffnen. Jesus erinnerte ihn peinlicherweise daran.

Und auch daran, dass es der Satan gewesen war, der das Geld in die Welt gebracht hatte, um damit umso schneller und leichter zum Sündigen zu verlocken. Als Beispiel wurde das überhand nehmende Bordellwesen insbesondere in der Metropole angeführt, das es den Besitzern blanker Goldstücke ermöglichte, Tag und Nacht zu sündigen, soviel es ihre Natur zuließ. In alten Zeiten des Tauschhandels noch mit Schafen, Hühnern und Ackerfrüchten wäre das relativ unpraktisch gewesen.

Judas musste sich diese Belehrung mit etwas saurer Miene angehört haben, denn sie berührten einige sehr dunkle Punkte in seinem Leben. Und als er nicht aufhörte, weiterhin die großen Vorteile des modernen Geldverkehrs zu preisen, bekam er die abschließende und prophetische Antwort: „Du wirst in einer eben nicht zu fernen Zeit den Fluch des Geldes schon noch kennenlernen."

Manchmal kam es soweit, dass sich die Jünger maßlos aufregten über ihren Kollegen Judas. Nicht nur, dass sie fanden, er ließe es an Respekt fehlen gegen ihren Meister, und dass er bei all seinen großartigen Ansichten zum sinnvollen Einsatz von Geld doch nur ein elender Geizkragen war. Sie hatten auch miterlebt, wie Judas es ausnutzte, als sie vom Herrn einzeln in die Dörfer gesandt wurden, nachdem ihnen die Gabe verliehen war, Kranke durch Handauflegung zu heilen. Niemand sollte für diese Hilfe an Krankenlagern auch nur das geringste Entgelt annehmen. Aber Judas hatte es verstanden, von seinem Einsatz mit vollen Taschen zurückzukehren, deren Inhalt er als „freiwillige Dankesgaben" deklarierte.

Und er war nicht auf den Mund gefallen, wenn er dafür von seinen Kollegen, besonders von Thomas, Kritik erntete. Er gab wacker zurück, einem Wort folgte das andere, die Sache schaukelte sich hoch, ein deftiger Streit war im Gange und Thomas kochte vor Wut, bis er seine Fäuste sprechen lassen wollte. Jesus trat dazwischen und sagte sinngemäß:

Bruder, solange du mich ruhig und gelassen siehst, bleibe auch du ruhig. Erst wenn du Mich dreinschlagen siehst, dann komm und schlage auch du drein. Doch Judas bleibe Judas und Wir bleiben, was Wir sind. Ich habe ihn nicht eingeladen, also schicke Ich ihn auch nicht weg. Geht er von alleine, werden Wir nicht weinen, doch du halte dich fern und vergib ihm, wie Ich ihm vergebe, so wirst du ein freies Herz haben.

Zuweilen war Judas tatsächlich verschwunden und unterwegs in eigenen Geschäften. Bis er irgendwann wieder auftauchte und das große Wort führte, was er inzwischen zusätzlich alles bewirkt hatte im Dienst ihrer gemeinsamen Sache.

Und das mochte durchaus der Wahrheit entsprechen, denn er war intelligent und ein gewandter Redner. Zudem konnte er lesen und schreiben und kannte sich aus in den Heiligen Schriften, sodass er seine Aussprüche auch mit den entsprechenden Zitaten der alten Propheten zu belegen wusste.

In den Orten, in denen er sich aufhielt, hatte er fleißig die Werbetrommel gerührt für Jesus. Die Menschen, die schon vorher allerlei Gerüchte vernommen hatten, waren ihm in Scharen zugelaufen und nebenbei hatte er geschaut, dass er bei seiner Kollekte für die gute Sache selber auch nicht zu kurz kam. Er sah eine große Zukunft voraus für ihre Bewegung und da konnte es nicht falsch sein, sich beizeiten um den auflaufenden Finanzbedarf zu kümmern, mochten andere sagen, was sie wollten.

Allerdings gerieten ihm die eigenen Vorstellungen manchmal so ins Phantastische, dass er das Blaue vom Himmel schwadronierte und Jesus ihm auf den Kopf zusagte: Du lügst! Was dann wieder für eine Weile ein Dämpfer war.

Die Jünger hatten nach wie vor Mühe mit seiner Art und waren froh, wenn er wieder ging. In Zeiten der Muße, die es zwischen den Wanderungen gab, versuchte Jesus ihnen zu erklären, warum Judas der Mensch geworden war, der er war. Der Herr kannte sein Leben von Beginn an.

Judas war der einzige Sohn in einem sehr wohlhabenden Elternhaus gewesen. Die Eltern waren beide ihrem Söhnchen wie närrisch zugetan und verzärtelten es, wo immer sie konnten. Sie gaben dem Goldjungen alles, nach dem es ihm nur gelüstete, und was er dadurch an Unartigkeiten entwickelte, ließen sie ihm durchgehen.

Sie ließen das Bäumchen wachsen, wie es wuchs und trugen durch ihre Erziehung dazu bei, den Stamm ja recht krumm wachsen zu lassen. War er erst einmal erhärtet, nützten nachträgliche Versuche nicht mehr viel, ihn gerade zu biegen. Eine krumm gewachsene Seele wurde kaum mehr zu einem aufrechten Charakter.

Die Folge? Der hoffnungsvolle Sprössling, halbwegs zum Mann geworden, belustigte sich mit „feilen Dirnen", den käuflichen Damen, was nur immer seine Manneskraft hergab, verprasste so das schwer erworbene Vermögen der Alten und brachte sie an den Bettelstab. Bis diese dann aus Kummer und Gram frühzeitig ins Grab sanken und Judas dastand als ein Habenichts, dem jeder ins Gesicht sagte, dass er ein liederlicher Schurke und Nichtsnutz wäre. Was er am Ende dann sogar einsah.

Aber Selbstvorwürfe kamen zu spät und er tröstete sich mit dem Gedanken, dass die Wurzel des Übels bei den Eltern gelegen haben musste: Warum hatten sie ihn zu nichts Besserem erzogen? Erziehen hatte er sich ja nicht selber können, also war er jetzt so, wie er war. Und außerdem vollkommen mittellos und ohne Dach über dem Kopf. Wie nun weiter?

Er erwog eine kriminelle Laufbahn, aber kam schnell wieder davon ab. Drakonische Strafen wurden öffentlich vollzogen und solcherart Anschauungsunterricht erschreckte ihn. Also biss er in den sauren Apfel und erlernte ein Gewerbe, die Töpferei, betrieb Handel und brachte es zu etwas.

Unter anderem auch zu Frau und Kindern. Aber die lernten ihn von einer anderen Seite kennen als die Damen seines vorherigen Lebens. So flott er einmal gewesen war, so hart und geizig wurde er und was er ihnen antat, würde am besten mit Schweigen übergangen. Er wurde von Gedanken an Reichtum besessen und ließ seine Familie mehr oder weniger verlumpen.

Als er zu Jesus kam, interessierte ihn nicht die neue Lehre, die Er der Welt brachte, sondern die Methode des Wunderwirkens, um an das schnelle Geld zu kommen. Es war abzusehen, dass es böse enden würde.

Schnelles Geld hatte schon immer einen hohen Stellenwert gehabt. Gab es einen einzigen Lebensbereich, der ohne Geld funktionierte? Was das Blut im menschlichen Organismus, war das Geld im sozialen Bereich. Beides zirkulierte. Wenn nicht, kam es zum Stau, zum Infarkt: Auf der einen Seite zu viel, auf der anderen nichts. Gehirnzellen starben ab auf diese Weise. Beim Stau im Sozialen, bei dem wenige Menschen fast alles hatten und die restlichen fast nichts, starben auch dort die Zellen: Menschen, Gemeinschaften, Völker, Bevölkerungen halber Kontinente. Was Wunder, wenn die Überlebenden sich aufmachten dorthin, wo noch etwas zu holen war.

Jesus hatte das Problem schon zur Zeit seines Erdenwandels angesprochen. Doch die sich offiziell in der Rolle seiner Nachfolge sahen, häuften Reichtümer an als Mittel zu weltlichem Glanz. Die wahre Kirche aber, die Er begründete, kam ohne Sakralbauten aus, ohne zeremonielle Gewänder und äußerliche Macht. Innerlich in den Herzen sollte der Reichtum leben.

Bei der Versuchung in der Wüste zu Beginn seines dreijährigen Wirkens waren Ihm, dem Mensch gewordenen Gott, vom Widersacher alle Reiche der Welt und ihre Herrlichkeit gezeigt worden. Das alles sollte Ihm gehören, wenn Er dafür ihn, den Herrscher über den Mammon, anbeten würde. Die Antwort war gewesen: Hebe dich hinweg, Satan! Eine Antwort, die auch heute noch nichts von ihrer Aktualität verloren hat.

12. Begegnung mit Frauen

Eine Begegnung auf einer der ersten Wanderungen war die mit der Samariterin am Brunnen in Samaria. Alle waren den ganzen Tag unterwegs gewesen, die Jünger hatten sich erschöpft und durstig in das Gras gelegt und Jesus setzte sich auf den Rand des Brunnens, der außerhalb der Stadt Sichar lag. Auch Er durstig, aber es gab weder ein Gefäß noch ein Seil, um Wasser zu schöpfen, und der Brunnen war tief.

Eine Frau kam mit einen Krug, ließ ihn voll werden in der Tiefe und zog ihn empor, ohne den Wartenden zu beachten. Doch Jesus sprach sie an: „Weib, Mich dürstet, gib mir zu trinken." Die Frau sah an der Kleidung des Fremden, dass Er zu einer Volksgruppe gehörte, die mit ihrer eigenen in Feindschaft lebte, und verweigerte die Bitte. Jesus sagte: „Du bist blind. Wenn du sähest, wer Ich bin, du würdest Mir mit Freuden geben. Wenn du wüsstest, was Ich dir dafür geben könnte."

Die Frau war noch jung und sehr schön, wenn auch arm ihrer abgetragenen Kleidung nach. Doch sie war stolz. Sie musste die Erfahrung gemacht haben, von fremden Männern mit lüsternen Blicken angeschaut zu werden und entsprechend schnippisch fiel ihre Antwort aus: Er solle nicht meinen, dass sie sich je mit ihm einließe, der sie sonst wohl nur verachten würde!

Jesus verlor die Geduld nicht. Er hatte von lebendigem Wasser gesprochen, das Er zu geben hatte, von dem lebendigen Wasser seiner Lehre, das den Durst für immer stillte und ein unversiegbares ewiges Leben versprach.

Die Frau wurde unsicher, aber was sie ganz und gar fassungslos machte, waren die Ereignisse ihres Lebens, die ihr Gegenüber anfing, ihr aufzuzählen: Wie sie schon fünf Männer nacheinander gehabt hatte, die alle immer in Jahresfrist gestorben waren. In ihrem Leib steckte eine böse Krankheit, die alle tötete, die sich mit ihr einließen, und die auch ihr eigenes Verderben sein könne.

Die Frau, ihr Name war Irhael, erschrak und konnte nicht ohne Mühe antworten: „Herr, ich sehe, dass Du ein Prophet bist. Da Du soviel weißt, so weißt Du vielleicht auch, was mir hülfe!?"

Es entspann sich ein langes Gespräch zwischen ihnen, in dem Irhael immer mehr erkannte, wer der sein mochte, mit dem sie sprach. Sie fühlte sich unwürdig mit ihrem sündigen Herzen, doch erhielt die Antwort, dass es gerade ihr Herz war, weswegen Er die Begegnung herbeigeführt hatte mit ihr, die Er schon lange kannte.

Irhaels Verwirrung wurde größer und größer. Sie konnte sich nicht erinnern, wo sie sich je begegnet waren. Doch Er fragte, ob sie vergessen habe, dass sie als Kind in das Wasser einer tiefen Zisterne gefallen war und es nur Seine Hand gewesen sei, die sie rettete und herauszog. Und so hatte Er sie schon oft beschützt.

Irhael erkannte, dass ihr Gegenüber mehr sein musste als nur ein Prophet. Sie kamen auf den Messias zu sprechen, der in die Welt kommen sollte und die Frau bat, mehr erfahren zu dürfen. Ob Er auch ihr hülfe, würde sie Ihn anflehen? Jesus gab zur Antwort: „Ich bin es, Der nun mit dir redet!" Weiter sagte Er: „Sei gesund!" Und sie war es.

Weinend vor Freude lief Irhael in die nahe Stadt und machte mit übersprudelnden Worten Jesus im ganzen Ort bekannt, indem sie erzählte, was ihr widerfahren war. Die Menschen waren beeindruckt und eine große Anzahl von ihnen machte sich auf, Jesus ebenfalls zu begegnen.

Derweilen waren die Jünger gekommen mit Speisen und ermahnten ihren Meister zu essen. Doch Er bedeutete ihnen, etwas Besseres gefunden zu haben: ein liebendes Herz! Er beauftragte sie, die vielen Neuangekommenen in seiner Lehre und in wahrem Menschentum zu unterweisen.

Die Menschen baten Jesus, bei ihnen zu bleiben, was Er auch für zwei Tage zu tun versprach. Es entstand ein kleiner Streit, wer Ihn beherbergen dürfe, und es war Irhael, deren aus überfließendem Herzen gegebene Einladung Er annahm, auch wenn ihr Haus, sauber und geräumig zwar, kaum mehr als eine erneuerungsbedürftige Ruine war. Doch wollte sie alles nur Mögliche aufbieten für ihre Gäste.

Mit den Vorbereitungen wurden Diener beauftragt und unter ihnen befand sich plötzlich auch ein schöner Jüngling, der Anweisungen und Ratschläge erteilte und selber überall mit Hand anlegte. Alles geriet wundersamerweise aufs Beste und ohne dass sich recht sagen ließ wie, erneuerte sich die baufällige Struktur des Hauses, kostbare Einrichtungsgegenstände fingen an, die Räume zu füllen und auf vielen Tischen war unversehens ein Festmahl vorbereitet für eine große Anzahl von Gästen.

Es war eine noble Herberge, die Jesus und seine vielen Begleiter vorfanden bei ihrem Eintreffen. Auf Irhael aber wartete ein noch größeres Glück: Sie durfte mit einem Arzt, der ihr reinen Herzens in ihrer Krankheit beigestanden und Linderung verschafft hatte, ihr weiteres Leben teilen ohne Furcht vor den Gespenstern der Vergangenheit. Es war Jesus, der beide zusammengab und miteinander verband.

Eine andere bekannte Frauengestalt aus der Schrift ist die „Ehebrecherin". Wenn Frauen den untersten gesellschaftlichen Schichten angehörten, war äußere Schönheit für sie eine bittere Last, wenn sie sich den Nachstellungen derer aus den oberen Ständen kaum zu erwehren wussten.

Ehebruch war in der Gesellschaft ein fluchwürdiges Verbrechen, das mit dem Tod bestraft wurde. Auf frischer Tat ertappt, wurde diese Frau jedoch, anstatt gesetzeskonform zu Tode gesteinigt zu werden, von den Pharisäern listigerweise in den Tempel vor Jesus geschleppt, um Ihn vor der Volksmenge als Gesetzesbrecher zu entlarven, der die strengen Mosaischen Vorschriften aushebelte, wenn Er die Frau aus lauter Barmherzigkeit frei sprechen wollte. Moses' Gesetze waren gleich den Gesetzen Gottes selber und da waren sentimentale Gefühle am falschen Platz.

Man weiß aus der Bibel, wie es weiterging. Jesus beugte sich zur Erde und schrieb die Schuld der Frau in den Sand, indem Er zu den Anklägern sagte: „Wer von euch ohne Sünde ist, der werfe den ersten Stein." Als Er wieder aufschaute, hatten sich alle aus dem Staub gemacht; ein sauberes Gewissen war niemandem zu Eigen gewesen. Die Frau war frei. „Sündige nicht mehr", hatte es nur geheißen.

Dieser Ermahnung hätte es kaum bedurft, die junge Frau hätte nicht im Sinn gehabt zu sündigen, wenn nicht die materielle Not und die Sorge für die Familie sie dazu gezwungen hätte. Im Großen Evangelium Johannes ist die ausführliche Version nachzuschlagen: Ein Pharisäer, als reicher Römer verkleidet, hatte ein Auge auf sie geworfen und ihr so lange nachgestellt und ein großzügiges Geschenk versprochen, bis er sie da hatte, wo er sie haben wollte. Doch der Unhold hatte Häscher mitgebracht, die nach vollzogener Handlung die Unglückliche vom Tatort auf- und mitleidlos davon rissen.

Sein Pech war, dass die Volksmenge, die im Tempel die Verhandlung vor Jesus mitverfolgte, Kenntnis von den Hintergründen erhielt. Der Übeltäter entkam nur knapp dem allgemeinen Zorn und die Erinnerung mochte ihn zittern lassen, wenn er in seinem späteren Leben daran dachte.

Trotzdem musste es bei derartigen Delikten eine hohe Dunkelziffer gegeben haben. Junge Frauen unter der ärmsten Bevölkerung waren immer wieder Verfolgungen ausgesetzt, oft indem vorher auf eine hinterhältige Art ihren Familien die Lebensgrundlagen ruiniert wurden, bis sie vor dem existenziellen Nichts standen und die Frauen ihren Peinigern zu Willen waren. Geschnappt danach, wurde ihnen dank priesterlicher Gnade die Steinigung erlassen; dafür aber verschwanden sie „zur Strafe" in die geheimen Bordelle des Tempels, in denen auf diese Art für Nachschub gesorgt wurde. Mochte der Zorn des Himmels die Unmenschen treffen, war der allgemeine Konsens dazu.

Die Berichte über die Wanderungen von Jesus und seinen Jüngern sprechen oft davon, wie dankbar sie nach einem staubigen Tag waren, in ein freundliches Heim zu kommen und mit einer Mahlzeit bewirtet zu werden. Die Frauen im Hintergrund waren es, die für die Gastlichkeit sorgten, auch wenn keine großen Worte darum gemacht wurden. Wie sie es schon seit je in aller Selbstverständlichkeit getan hatten. Sie sorgten, dass das Leben weiterging und waren als die Hüterinnen der Familie in der Sippe und der Gesellschaft die Trägerinnen der Zivilisation.

Obwohl die Römer die oft damit verbundene Unmenschlichkeit mit Gesetzen zu mildern versuchten, war die Sklaverei allgemein verbreitet. Das Schicksal der Männer wird dabei meistens vorgezeichnet gewesen sein, indem sie als Arbeitsknechte gebraucht wurden. In Bezug auf Frauen gab es zwar scheußliche Berichte von aufgekauften jungen Mädchen, die ihren geilen Besitzern hilflos ausgeliefert waren; es war aber auch nicht selten, dass junge Frauen in Verhältnisse kamen, in denen sie sich in bestehende Strukturen einfügen konnten und menschlich geschätzt wurden. Bei der noch weit verbreiteten Mehr-Ehe war es nicht unüblich, dass sie bei einer willigen Mitarbeit freigelassen und als Nebenfrauen in eine Großfamilie aufgenommen wurden.

Solche Verhältnisse waren vor allem gebräuchlich in griechisch geprägten Kulturkreisen. Auf seinen Wanderungen kam Jesus auch in solche Gebiete und verbreitete seine Lehre. Befragt nach den Bedingungen des sozialen Zusammenlebens waren seine Aussagen eindeutig: Der Mensch war in seiner seelischen und körperlichen Struktur geschaffen worden als Mann und Frau, die sich ergänzten und als ein Paar zusammenleben sollten. Wo es aber durch die zeitlichen Umstände zu Mehr-Ehen gekommen war, sollten sie in Güte bestehen bleiben, weil verstoßene Nebenfrauen ins Elend geraten wären. Außerhalb der tragenden Struktur der Familien gab es für sie kaum eine menschenwürdige Existenz.

Dass Sklaven und Sklavinnen gekauft wurden, war nicht verwerflich, wenn man sie gut behandelte und aus ihnen freie und gottergebene Menschen machte. Doch das Wiederverkaufen wie eine Handelsware war auf ewig ein Gräuel vor Gott.

Das religiöse Leben in den Ländern außerhalb Palästinas war noch geprägt von den alten heidnischen Göttervorstellungen, auch wenn von den praktizierenden Priestern niemand mehr daran glaubte und nur der Bequemlichkeit halber noch daran festhielt. Aber die Sache war morsch und ein Stoß schon konnte alles zusammenbrechen lassen. Und genau dazu war Jesus auch zu ihnen gekommen.

Er hielt sich auf in einer Ortschaft weit im Osten am Euphrat-Strom und begegnete der örtlichen Priesterschaft, die sich vollmundig anerbot, Ihm die Zukunft sowie allerlei Lebenswinke verkünden zu lassen, gegen eine moderate Gebühr, durch ihre Götter. Es handelte sich dabei um Zeus, Minerva und Apollon in Überlebensgröße, als steinerne Statuen an einer Wand ihres Tempels.

Jesus winkte ab, man möge sich die Mühe ersparen und lieber die Sprecher dahinter frei und ans Licht der lieben Sonne lassen. Die Priester mahnten mit geschwollenen Worten, nur ja die Götter nicht zu erzürnen durch frevelhafte Reden, wolle Er nicht ein Unglück herauf beschwören. Alles wäre echt, es gäbe keine Sprecher.

Jesus verzieh ihnen ihre Lügen, aber ließ im gleichen Augenblick die Kolosse aus Stein zu einem Nichts zerfallen. Hervor krabbelten aus den dahinter liegenden nun offenen, engen Mauernischen die erschreckten und verblüfften Ohrenbläser.

Erschreckt waren aber auch die Priester, die erkennen mussten, dass eine neue Zeit angebrochen und es vorbei war mit dem bisherigen einträglichen Götterkult. Jesus empfahl ihnen, ihre bombastischen Priesterkleider auszuziehen und sich nach einer anderen Tätigkeit umzuschauen.

Ihren Frauen, den Hüterinnen der Tradition und Bewahrerinnen altehrwürdiger Werte, ging das allerdings gegen den Strich. Als sie das ganze Ausmaß des angerichteten Schadens erkannten, war der Jammer groß: Nicht der geringste Überrest der einstmaligen Götterpracht war mehr im Tempel vorhanden. Daran geglaubt hatten zwar auch sie schon lange nicht mehr, aber es war das tragende Element ihres gesellschaftlichen Lebens gewesen, bei dem sie als Priesterfrauen eine führende Position eingenommen hatten.

Wie sollte es nur weitergehen, wenn das einfache Volk dahinter kam, dass alles ein frommer Betrug gewesen war? Dass die geforderten reichlichen Opfergaben zur Besänftigung der zürnenden Götter in ihre eigenen Taschen geflossen waren? Die Leute würden aufsässig werden, würden revolutionäre Reden schwingen, Recht und Ordnung fiel auseinander und mit ihrem schönen Einkommen wäre es ebenfalls vorbei.

Sie nahmen ihre Priestermänner ins Gebet, sie sollten ernsthaft gegen die unwillkommene Neuerung protestieren und auf die Wiederherstellung der altbewährten Zustände drängen. Ärgerlicherweise aber hatten diese ihre eigenen Ansichten und wollten nicht auf sie hören, sondern suchten sogar noch die Gesellschaft des Eindringlings.

Während die Priester zusammen mit den Oberen der Stadt und den angesehenen Bürgern sich in einem großen Saal versammelten, um die neuen Lehren anzuhören, die Jesus brachte, schritten die Frauen heimlich zur Selbsthilfe und trafen ihre Vorbereitungen im geheiligten Hain des Tempelbezirkes.

Als die Männer, heimkehrend von ihrer Konferenz, im ersten Morgengrauen dort vorbeikamen, ging es gar nicht mehr heilig zu. Heulen und Wehklagen war zu vernehmen, hohle Stimmen stießen drohende Worte hervor, unterbrochen von kreischenden Schreien. Rache war es, die die meineidig verlassenen Götter ihren untreuen Dienern schworen. Diese eilten bangen Herzens zu ihren Weibern.

Deren Rechnung ging allerdings nicht ganz auf. Während die Männer sich von ihrem Schrecken erholen mussten, eilten die Frauen in den Hain, um die gedungenen Knechte und Mägde bei ihrem Klamauk abzulösen und die an den Schwänzen angebundenen kreischenden Katzen zu befreien. Doch nichts ging mehr. Die auf den Bäumen versteckte und wie angenagelte Dienerschaft ließ sich um nichts in der Welt herabziehen und die Katzen in den Büschen bissen und kratzten so entsetzlich, dass sich ihnen niemand nähern durfte. Jemand musste über alle einen gewaltigen Bann ausgesprochen haben.

In ihrem Haus trafen sich unterdessen die Priester mit Jesus, der sie aufklärte über den Vorfall, aber nicht unterließ zu erwähnen, dass sie selber es gewesen waren, die in ihren Frauen derart verbohrte Vorstellungen angelegt hatten. Die schönen und begehrten Töchter eines Oberpriesters, die sie einmal gewesen waren und um die die Priester geworben hatten, wären in ihrer Jugend auch für bessere Gedanken zugänglich gewesen. Aber indem ihre späteren Männer ihnen imponierten mit ihren religiösen Trug- und Zauberkünsten waren die Frauen so geworden, wie sie waren: Ihre vertrauten Helferinnen bei allen Tricks und angeblichen Wundertaten, die in den Göttertempeln produziert wurden.

Nach dieser Rede vor der zerknirschten Priesterschaft machten sich alle auf, um nach den schon ziemlich verzweifelten Frauen im Tempelhain zu schauen, die sich weiterhin vergeblich um die Erlösung der bezahlten Wehkläger und grimmigen Katzen bemühten. Als sie die Gegenwart Jesu bemerkten, waren sie bereit, Ihn auf den Knien um Vergebung zu bitten und die Losmachung der Diener zu erflehen, die dann auch ganz frei von ihren Hochsitzen herunterklettern konnten.

Die Frauen hatten die übernatürlichen Fähigkeiten des vermeintlichen Zauberkünstlers erkannt, aber damit fing ihr wahrer seelischer Konflikt erst an. Innerlich hatten sie nicht nur ihre alten Götter über Bord geworfen, sondern jeden Glauben an eine übersinnliche Existenz überhaupt. Sie hatten sich mit allerlei Ersatzpropheten beschäftigt wie Diogenes, der in einer Tonne gelebt und die Nichtigkeit der menschlichen Existenz gepredigt hatte, womit er Weltruhm erlangte. Das hatten sie noch mit altindischer Esoterik vermischt und versuchten in Wortgefechten ihre eigenen Auffassungen von der Welt zu behaupten. Jesus hatte seine Last mit der Scharfzüngigkeit der Frauen, zumal sie weitläufig zu erzählen wussten, dass alles Gerede von einem Fortleben nach dem Tod nur leere Luft wäre.

Die Diskussionen zogen sich, hitziger werdend, dahin, bis die Frauen sich soweit in die Widersprüche ihrer verschiedenen Weltsichten verwickelten, dass sie den falschen Kurs einsahen, den sie steuerten. Dann erst waren sie bereit und dankbar für die neue Botschaft, die ihnen gebracht wurde.

Bei der Aufzählung der weiblichen Wesen im Umfeld des Herrn, darf eines nicht vergessen werden: die Jarah, ein zartes Mädchen, noch fast ein Kind, das schon zu Beginn ihrer Begegnung in unschuldiger Liebe zu Jesus entbrannt war.

Zum ersten Mal fiel sie auf, als Jesus in Begleitung einer Schar von Menschen seine Macht über die Natur aufzeigte, indem Er am Ufer des Sees Genezareth die Oberfläche des Wassers betrat, ein Stück weit hinauswandelte und die Zurückbleibenden aufforderte, ihm zu folgen. Betretenes Schweigen; niemand traute sich, am wenigsten anwesendes hohes Militär.

Niemand eben außer Jarah. Als Jesus sie zu sich rief, hüpfte sie vertrauensvoll und munter zu Ihm hin. Ihr Beispiel machte Schule und die anderen folgten, auch als durch Wind und Wellen der Boden unter ihren Füßen ziemlich zu schwanken anfing. Alle hatten einen unvergesslichen Tag.

Die Vertraulichkeit, die so entstanden war, ließ Jarah samt ihren Schwestern wünschen, auch im Haus, dem großen Gasthof, den ihr Vater betrieb und in den der Herr und seine Jünger eingekehrt waren, in der Gesellschaft der Männer zu verbleiben. Der Vater schickte sie jedoch in die inneren Gemächer; kleine Mädchen brauchten nicht unbedingt seine Gäste anzugaffen oder ihnen die Ohren vollzuplaudern.

Jesus lobte seine Sorge um die Zucht der Kinder, aber wen unter dem jungen Volk gab es, der Ihm wohl hätte lästig fallen können? Alle sollten wieder kommen dürfen! Also durften sie und die Jarah als die Jüngste lief gleich zu Ihm hin, schmiegte sich an Ihn und wollte Ihn nicht mehr loslassen. Ihr Vater fand das ungehörig und verwies es ihr. Jesus aber sagte sinngemäß: Wer nicht mit solch heißer Liebe zu mir kommt, wird den Weg ins Himmelreich nicht finden!

Es war, als ob sich in Jarahs unschuldiger Seele noch die Reinheit des Himmels spiegelte. Zudem war sie Raphael übergeben worden, der sie in Sphären mitnahm, die noch nie von einem lebenden Menschen betreten worden waren. Von dort zurückgekehrt, brachte sie eine Weisheit mit, die selbst gestandene und ehrwürdige Männer in Erstaunen versetzte, so dass sie auf ihre alten Tage noch einiges dazu zu lernen hatten.

13. Zwei Marien

Seit je rankten sich um Maria von Magdalon oder Maria Magdalena die Legenden. War sie eine Hure oder eine Heilige? Die Ansicht war allgemein verbreitet, dass sie es mit der Sittenreinheit nicht allzu genau nahm.

Das Schicksal hatte sie verwöhnt als einzige Erbin reicher Eltern, der das Schloss der Familie samt Besitzungen und Ländereien zugefallen war. Sie hatte sich erfolgreich zu wehren gewusst gegen aufdringliche Freier und hatte als eine irdische Schönheit verstanden, zu noch weiterem Reichtum zu gelangen. Sie war jung, unabhängig und intelligent, und sie war eine große Sünderin; Attribute, die ihr zu einem gewissen Bekanntheitsgrad verhalfen. Zu ihrer Kundschaft gehörten nicht zuletzt reiche Pharisäer.

Trotzdem sie eine große Sünderin war, lebte in ihr auch Mitleid und Barmherzigkeit mit ihren Mitmenschen, besonders mit den Ärmsten der Armen. Ihre Dienste, die sie anbot, ließ sie sich angemessen bezahlen, nur um es wieder zu verschenken an die, die es bitter nötig hatten.

Aber ihre Aktivitäten waren nicht spurlos an ihr vorübergegangen, auch wenn es nicht immer offen ersichtlich wurde. Durch den Umgang mit ihren

„Klienten" hatte sie sich mit deren Dämonen ebenfalls einlassen müssen, die von Zeit zu Zeit von ihr Besitz ergriffen. Immer wenn sie verführt wurde, Wein zu trinken, geriet sie in Zustände von Besessenheit, die sie nicht mehr kontrollieren konnte und die ihre Umgebung in Schrecken versetzten.

Als eine Art Hostess, die angereisten Fremden behilflich war, sich in der Riesenstadt zurechtzufinden, konnte sie auch durchaus sittsam auftreten. So bei einer Delegation hochrangiger Römer, deren Ankunft gerade in eine Festzeit fiel, in der die Stadt derart von Menschen überlaufen war, dass sich nirgendwo mehr eine angemessene Unterkunft finden ließ.

Magdalena führte die etwa 30 Männer zu einer großen Herberge, die etwas entfernt von Jerusalem lag und bei den Templern übel verrufen war aus dem einzigen Grund, dass sie nicht selber die Besitzer waren. Ansonsten war das Haus ein Ort edelster Gastlichkeit, wie sie selten anzutreffen war. Jesus und seine Jünger hielten sich dort auf, was die Neuangekommenen aber nicht wussten.

Die Römer bestellten ein Abendmahl, das sie in seiner Reichhaltigkeit bestens entschädigte für den ausgestandenen Hunger und Durst des Tages. Die Stimmung hob sich bis zur Heiterkeit, in der viele seltsame und lustige Dinge zur Sprache kamen, zu denen ihre schöne und schon ziemlich ausgelassene Führerin einen guten Teil beizusteuern wusste. Man war allgemein angenehm überrascht von der vorteilhaften Wendung der Dinge. Die Jünger, die unerkannt an einem Nachbartisch saßen, versuchten emsig zuzuhören bei diesen Angelegenheiten aus einer ihnen völlig unbekannten, glänzenden Welt.

Es war der Hauptredner der Gruppe, der, als die Gespräche einen ernsteren Charakter annahmen, allen die Frage ins Gedächtnis rief, warum man sich überhaupt auf die weite und mühsame Reise aus dem fernen Rom hierher aufgemacht hatte: War etwas dran an den Berichten von einem neuerstandenen Propheten, der die wundersamsten Dinge zustande brachte, dass die Nachrichten davon bis in ihr Land erschollen? Die Frage ging insbesondere an Maria Magdalena.

Die aber blieb die Antwort schuldig. Unbekannt zwar waren auch ihr diese Gerüchte nicht, aber von Propheten waren schon immer solche fabelhaften Dinge erzählt worden. Ob sie dann auch stimmten, war eine andere Sache. Eher nicht, sie hatte auf Propheten noch nie etwas Besonderes gegeben, langweilig und düster wie sie waren ihrer Meinung nach, wie „ein nebliger Spätherbsttag". Doch wäre das nur ihre Privatmeinung, die sie niemandem aufdrängen wolle. Der Wortführer der Römer verzieh seiner schönen Begleiterin wohlwollend ihre etwas lose Rede und schrieb sie ihrem jugendlichen Flattersinn zu.

Im weiteren Verlauf des Abends wandte er sich für etwas ergiebigere Informationen an den Herbergswirt, der jedoch nach einem stummen Wink von Jesus, der anwesend war, mit der Auskunft zurückhielt. Es war noch nicht der rechte Zeitpunkt.

Der aber kam bald darauf. Bei dem exzellenten Wein, dem die Römer bei ihrer Mahlzeit in nicht unerheblichen Mengen zusprachen, war auch der Magdalena ein Glas in die Finger geraten und es geschah, was geschehen musste. Sie wurde von gewaltigen Krämpfen befallen, fing jämmerlich an zu schreien und ihr Gesicht, ihre Glieder und Muskeln verzogen sich auf eine furchtbare Art, dass die entsetzten Gäste nichts anderes glaubten, als dass ihre Führerin sich im Todeskrampf drehte und wandte. War das die Strafe ihrer heidnischen Götter, denen sie untreu werden wollten? Was war zu tun?

Gar nichts, einfach warten, wurde ihnen vom Betreiber der Herberge bedeutet; die Frau war bekannt dafür, dass ihr solche Dinge geschahen. Und die fremden Götter hätten erst recht nichts damit zu tun, weil sie überhaupt nicht existierten, sondern nur wesenlose Fantasiegebilde waren. Helfen könne nur Einer.

Dieser Eine war Jesus. Er trat spontan herzu und hielt die Hände über die Sünderin, bedrohte die bösen Geister in ihr, dass sie ausfuhren und die Frau erhob sich frisch und gesund, als ob ihr nie etwas gefehlt hätte. Doch es war ihr, als sei sie aus einem seltsamen Traum erwacht.

Als sie den vor ihr stehenden Mann genauer anschaute, umschattete sich ihr Gemüt aufs Neue. Er war es, der Gleiche, der Einzigartige, den sie vor Zeiten einmal im Vorübergehen gesehen und nie mehr hatte vergessen können. Seither liebte sie den Unbekannten mit der ganzen Glut ihres Herzens. Und nach dieser Wiederbegegnung noch viel mehr, doch ohne jegliche Hoffnung auf die Erwiderung ihrer Liebe. Denn sie war nur eine verworfene Hure und Er musste ein unendlich reiner Mensch sein!

An der Stelle heißt es im Großen Evangelium Johannes: „Hierauf fiel sie zu Meinen Füßen nieder, umklammerte sie kniend und benetzte sie mit Tränen der Liebe und Reue."

Was die Jünger allerdings abartig und unschicklich fanden und sie dort wegziehen wollten. Jesus verbot es ihnen: Auch wenn diese Frau viel gesündigt hatte, wäre ihre Tat doch aus Liebe zu Ihm geschehen. Er sagte zu ihr: „Deine Sünden sind dir vergeben! Aber sündige nicht mehr, auf dass dir nicht noch Ärgeres widerfahre!"

In einem einzigen Augenblick war ihr Leben damit vollkommen verändert worden und die gewesene Sünderin suchte fortan die Begegnung mit dem, der sie gerettet hatte.

Jesus hielt sich noch etliche Tage in der Gesellschaft der Römer auf, die tausend Fragen an Ihn hatten über die Verhältnisse in der Welt und ihrer Entwicklung in der Zukunft. Sie wurden reich beschenkt mit Wissensschätzen, wie sie sie nirgendwo sonst gefunden hatten, und ihre Dankbarkeit darüber erstreckte sich auch auf ihre Führerin, die ihnen die Begegnung vermittelt hatte.

Maria von Magdalon aber sah sich nur als ein

Werkzeug, das unwissend dem Ruf zu diesem Zusammentreffen gefolgt war. Als sie sich der großen Gnade bewusst wurde, die ihr zuteil geworden war, floss sie über in Dankbarkeit, sank noch einmal zu Boden, benetzte die Füße des Herrn mit Tränen und trocknete sie mit ihren Haaren. Auch hier ärgerten sich die Jünger und fanden die Angelegenheit etwas unanständig. Jesus wehrte wieder ab: So lange, wie Er schon unter ihnen war, hatte noch nie jemand von ihnen Ihm je eine solche Liebe bezeugt.

Die erwähnte Herberge samt vielen weiteren Besitzungen gehörte Lazarus, einem der reichsten Männer des Landes. Er war unverheiratet geblieben, doch lebten seine beiden Schwestern bei ihm, Martha und Maria. Dass die Maria von Magdalon nach ihrer Heilung und Bekehrung die Freundschaft zu den beiden Schwestern gesucht hatte, war immer wieder der Anlass zu Verwechslungen geworden. Die entstandene Herzensverwandtschaft hatte dazu geführt, dass sie in die Familie des Lazarus aufgenommen wurde und sich besonders eng an die andere Maria anschloss, die dem Herrn bei seinen Besuchen und Aufenthalten auf ihren Besitzungen ebenfalls begegnet war. Beiden Marien war gemeinsam, dass Jesus zu ihrem einzigen Lebensinhalt wurde.

Maria, Lazarus' Schwester, wurde beschrieben als eine Frau von großer Schönheit, die deswegen auch vielfältigen Annäherungsversuchen lüsterner

Pharisäer ausgesetzt war. Vielleicht war sie daran nicht ganz schuldlos, war sie doch ein lebensfrohes Geschöpf gewesen, die sich wegen ihres Reichtums sorglos aller Art von Vergnügungen hatte hingeben können. Dadurch war sie in den Ruf der Leichtfertigkeit gekommen und hatte ihre entsprechenden Erfahrungen machen müssen.

Dass sie Jesus kennenlernte, hatte ihr Leben innerlich völlig verändert. Sie mochte es sein, die von allen am meisten die göttliche Fülle in Ihm erahnte, ohne dass sich Gefühle von Leidenschaftlichkeit hinein mischten. In der Menge der lüsternen Schwärmer ihrer Umgebung wurde das allerdings anders gesehen: Man wetzte die Zunge und spitzte die Lippen, um Jesus als den von ihr begünstigten Liebhaber auszuposaunen. Was eine Verleumdung war, denn ihr Herz war rein.

Maria von Magdalon hingegen lebte noch in der Glut ihrer Gefühle und musste das spätere Schicksal des Herrn in ihrem Inneren als die ungeheuerlichste Katastrophe erlebt haben. Tränenblind und in unermesslicher Trauer war sie es gewesen, die am Ostermorgen in aller Frühe zur Grabstätte gelaufen kam. Als sie den Auferstandenen fand, den sie zuerst für den Gärtner gehalten hatte, Ihn erkannte und Ihm mit einem Aufschrei zu Füßen fiel, hatte sie die Worte vernehmen müssen: „Rühre mich nicht an!" Die heiße Liebe, mit der sie Ihm begegnen wollte, hätte sie getötet. Doch sie war die erste, den Jüngern und damit der ganzen Welt zu verkünden, dass eine neue Zeit angebrochen war.

Ihr weiteres Schicksal danach verliert sich im Dunkel der Legenden, aber auch für sie wird die Zeit gekommen sein, dass sie das wahre Wesen ihres „Liebsten" erkennen durfte.

Noch einer Maria soll gedacht werden: der „Mutter Gottes". Von Jesus wurde sie die Gebärerin seines Leibes genannt. Für sie blieb ihr Sohn durch ihr ganzes Dasein hindurch ebenfalls der einzige Lebensinhalt. Doch immer wieder musste Er ihr den Schmerz antun, sie für lange Zeit allein zu lassen und sich den Verfolgungen der Außenwelt auszusetzen, vor denen sie Ihn unermüdlich zu warnen suchte, wenn die blinden Menschen ihren größten Wohltäter mutwillig verkannten und Ihm mit dem größten Undank begegneten.

Die Gefahren, in die Er sich begab, zerrissen ihr das Herz und doch war sie es gewesen, die mit ihren getreuen Freundinnen am Ende seiner Erdenzeit bei Ihm unter dem Kreuz gestanden hatte, während alle Jünger bis auf Johannes in Angst und Panik in die Weite geflohen waren.

Jesus sah Zeiten voraus, in denen die allgemeine Verehrung sie zu einer Himmelskönigin erheben würde, der mehr Kirchen geweiht wären als Ihm selber. Aber hatte sie nicht gesagt: „Siehe, ich bin des Herrn Magd"? Und in ihrer Bescheidenheit hatte sie nie etwas anderes sein wollen. Jesus liebte seine Mutter zärtlich, trotzdem war sie als ein Teil der Schöpfung ein Mensch wie andere. Das war es, was Er der Nachwelt übermitteln wollte.

14. Lazarus

Die Mitteilungen des Großen Evangelium Johannes brachen ab im Jahr 1864. Jakob Lorber starb im Alter von 64 Jahren nach einem Leben, das er in äußerster Bedürfnislosigkeit verbrachte und in dem Er über die vielen Jahre hinweg an fast jedem Tag aufgezeichnet hatte, was ihm die innere Stimme diktierte.

Jahrzehnte später wurde wiederum jemand berufen, den angefangenen Bericht weiterzuführen und die Arbeit fortzusetzen, ebenfalls im Einklang mit den Evangelien des Neuen Testamentes. Die Frage, ob ihm die gleiche Kompetenz zuzuschreiben ist wie seinem Vorgänger, mögen andere entscheiden.

Das letzte große Ereignis vor der Vollendung des irdischen Lebens von Jesus war die Auferweckung des Lazarus vom Tod, die ein ungeheures Aufsehen erregte.

Lazarus lebte mit den beiden Schwestern in dem Ort Bethanien, unweit von Jerusalem. Er ließ seine Ländereien bewirtschaften von vielen Hunderten von Arbeitern, die bei ihm ein menschenwürdiges Auskommen hatten, mit dem sie sich und ihre Familien gut ernähren konnten.

Ganz im Gegensatz zum Tempel, auf dessen Besitzungen die Arbeiter nicht viel besser wie Sklaven behandelt wurden, mit dem Erfolg, dass irgendwann keiner mehr blieb. Viele dieser Geknechteten waren erst durch die üblen Machenschaften des Tempels ins Elend getrieben worden und mussten sich bei ihm verdingen, bis sie bei Lazarus eine neue Heimat fanden. Niemand von ihnen sehnte sich zurück.

Lazarus war ein tiefreligiöser Mensch, der die alten Traditionen achtete und über lange Jahre dem Tempel einen gerechten Anteil seines Einkommens hatte zukommen lassen. Doch er hatte erleben müssen, wie dort ein unguter Fanatismus und eine Gier nach Reichtum und Macht immer mehr Platz griff. Die alten göttlichen Gebote von Moses wurden durch neue Gesetze in ihr Gegenteil verkehrt.

Einer der letzten Priester, Hoherpriester sogar, Zacharias, der durch seinen reinen Lebenswandel ein Zeichen gegen die Verderbtheit gesetzt hatte, war am Altar bei einer heiligen Handlung ermordet worden. Sein Tod wurde dem Volk als eine mystische Entrückung verkauft. Viele jedoch machten sich ihre eigenen Gedanken.

Lazarus hatte nicht direkt mit dem Tempel gebrochen, aber musste sich immer mehr gegen ihn zur Wehr setzen, als darauf abgezielt wurde, ihm mit Gewalt oder Schmeicheleien Teile seines Besitzes zu entreißen. Die Pharisäer, die auf ihr noch bestehendes hohes Ansehen zählten, gingen bei ihm ein und aus mit immer neuen Forderungen.

So auch mit dem Ansinnen, Lazarus möge ihnen seine Arbeiter überlassen. Die Antwort war, sie sollten die Leute selber fragen. Was sie gar nicht erst versuchten, weil sie wussten, dass kein einziger zu einem Wechsel zu bewegen gewesen wäre. Also forderten sie die Überstellung der Arbeiter per Dekret und Befehl. Lazarus lehnte ab und machte sich dadurch ein weiteres Mal unbeliebt bei den Machthabern.

Wobei die eigentlichen Machthaber die Römer waren und hätte Lazarus nicht schon Verhandlungen geführt, sich unter ihren Schutz zu stellen, hätte es weniger gut um ihn gestanden. Was ihn besonders erbitterte, waren die fast pausenlosen Zudringlichkeiten, denen er durch die unerbetenen Besuche der Pharisäer auf seinen Besitzungen ausgesetzt war. Bis dann von einem Tag auf den anderen Abhilfe geschaffen wurde – durch Jesus.

Das freundschaftliche Verhältnis zu Ihm hatte von Anfang an bestanden. Jesus war willkommen gewesen, wann immer Er zu einem Besuch kam, mit wie vielen Begleitern es auch sein mochte – manchmal waren es Hunderte – und egal wie lange Er seinen Aufenthalt ausdehnte. Auch von den Schwestern war Er immer herzlich begrüßt worden, woraus der Tempel Ihm ein Verhältnis zu den beiden andichtete, besonders zu Maria. Dass die Maria von Magdala ebenfalls dort lebte, heizte die Gerüchteküche weiter an.

Jesus kannte das Problem mit den Pharisäern und löste es, indem Er Lazarus eine Koppel riesiger Wolfshunde übergab. Die Tiere verhielten sich lammfromm, doch wenn Templer in Sicht kamen, verwandelten sie sich in reißende Bestien. Die Eindringlinge mussten die Erfahrung nur ein einziges Mal machen, um auf Distanz zu bleiben. Davor hatte sie auch die Tempelwache, eine Art kleiner Privatarmee, von der sie sich begleiten ließen, nicht schützen können; die waren wohl noch schneller gerannt als sie selber.

In der Folge hatte Lazarus Ruhe und nichts mehr zu befürchten von ihrer Anwesenheit, dafür umso mehr von den Intrigen, die sie in der Außenwelt gegen ihn spannen. Sie verleumdeten ihn, wo und wie sie nur konnten, konstruierten Lügen und verwickelten ihn in Prozesse vor römischen Gerichten. Er ging zwar aus diesen juristischen Gefechten siegreich hervor, äußerlich ruhig und beherrscht, aber die Angelegenheit zehrte an seiner Substanz.

Im Tempel mussten sie ein besonderes Gespür dafür gehabt haben und ließen nicht locker. Je bösartiger und unbegründeter die Angriffe wurden, desto mehr regte sich Lazarus in seinem Inneren auf. Er war davor gewarnt worden von Jesus, doch seine Seele war dem Psychoterror nicht gewachsen. Als ob eine Grenze des noch Erträglichen überschritten wäre, fiel er in ein heftiges Fieber.

Die Schwestern waren alarmiert, und es war nicht nur die Sorge um den geliebten Bruder, die sie umtrieb, sondern auch die um ihr ganzes irdisches Dasein. Nicht nur ihre, sondern die Existenz aller auf den Besitzungen Lebenden stand auf dem Spiel, wenn der Kranke starb. Nach den Gesetzen des Landes würde ein Drittel des Besitzes an den

Tempel fallen, wenn keine männlichen Erben vorhanden waren. Und Lazarus hatte weder Brüder noch Nachkommen.

Schlimmer noch: Weibliche Familienmitglieder ohne männlichen Schutz würden der „Obhut" des Tempels unterstellt, mit der Aussicht, seinen Mauern ewig nicht mehr zu entkommen. Womit das Scenario in den Bereich des Möglichen rückte, dass die restlichen zwei Drittel des Besitzes ebenfalls verloren gingen und mit allen Werten und Mitarbeitern nach Belieben verfahren werden konnte; für den Tempel eine sehr wünschenswerte Perspektive.

In höchster Not wurde nach Jesus geschickt, aber niemand kannte seinen Aufenthaltsort. Die Krankheit nahm ihren Verlauf, das Schicksal konnte nicht aufgehalten werden, und Lazarus starb. Der Jammer war unermesslich.

Jesus hatte während der ganzen Zeit im Geiste geschaut, was vorging, ohne einzugreifen. Den Jüngern gegenüber erwähnte Er die Krankheit, ohne dass sie deswegen beunruhigt waren; kannten sie doch seine Fähigkeiten des Heilens. Auch als Er sagte, Lazarus schliefe, doch Er würde ihn wecken, waren sie nicht besorgt. Erst als deutlich ausgesprochen wurde, dass der Freund gestorben wäre, war die Betroffenheit groß: Hätte Jesus in seiner Allmacht nicht das Schlimmste verhindern können? War noch Hoffnung? Vielleicht war Lazarus nur scheintot? Hatten sie ihn denn nicht vor nicht allzulanger Zeit noch frisch und gesund gesehen?

Jesus ging weder auf ihr Beileidgemurmel noch auf die bangen Fragen ein. Wie es war, so hatte Er es gewollt, und nicht anders. Damit ihnen noch einmal die Augen aufgehen sollten über sein wahres Wesen. Lazarus lag seit Tagen in seinem Grab und erst danach begaben sie sich auf die Reise.

Als sie sich dem Wohnsitz der Familie näherten, trafen sie auf Trauer und Tränen. Martha kam, laut weinend, und sprach die Worte: „Herr, wärest Du hier gewesen, mein Bruder wäre nicht gestorben."

Maria, die sich im Kreis ihrer mit ihr trauernden Freundinnen verborgen hatte, wurde gerufen und eilte ungestüm auf Jesus zu. Sie fiel ihm schluchzend zu Füßen und fand vor Schmerz, aber auch vor Freude des Wiedersehens keine Worte, bis Er sie aufhob vom Boden und in seinen Armen hielt. Ihr, die sich kaum trösten lassen wollte, sagte Er, dass Er ihren Bruder wohl hätte schützen können, auch ohne dabei anwesend zu sein, wenn sie nur fest genug im Glauben gewesen wären.

Bei den dabei Stehenden, die sie umringten, flossen Tränen des Mitgefühls und ihre Blicke brachten deutlich zum Ausdruck, dass auch sie die Grausamkeit des Schicksals nicht verstanden. Das war der Moment, von dem im Neuen Testament berichtet wird: „Und Er ergrimmte im Geiste und wurde sehr betrübt … Und Jesus gingen die Augen über."

Was besagt: Er weinte. Und wurde von tiefer Wehmut erfasst über ihrer aller Glaube, der noch so schwach war, dass die geschehenen Wundertaten, von denen sie gehört oder die sie miterlebt hatten, aus ihrem Gedächtnis wie ausgelöscht waren von der Größe des Schmerzes. Sie konnten nicht anders, als mit Gott zu hadern. Maria fing noch heftiger an zu weinen.

„Wo habt ihr ihn hingelegt?", fragte Er und sie antworteten: „Komm, Herr und sieh es!" Sie wollten Ihm den Weg zeigen und auch Maria trocknete die Tränen und schritt voran. Aber hätte Er, der alle Wege der Welt kannte, je einen Führer nötig gehabt? Wieder weinte Er und die Ihn sahen, meinten, es wäre wegen der Trauer und der großen Liebe zu dem Verstorbenen gewesen.

Das Grab lag am Ende eines in einen Felsen hineinführenden Ganges in einer Vertiefung, die mit einer schweren Steinplatte bedeckt war. Zu Arbeitern, die dort beschäftigt waren, sagte Jesus: „Hebt den Stein vom Grab!" Die schauten ungläubig auf Martha, die zu erklären versuchte: „Herr, er stinkt schon, denn er liegt seit vier Tagen!"

Jesus sprach erneut seinen Befehl aus und als der Stein mit großer Mühe weggehoben war, zogen sich alle zurück wegen des entsetzlichen Geruchs, der aus dem Grab strömte.

Jesus stand vor den Gang, sprach ein Dankgebet und rief mit lauter Stimme: „Lazarus, komm heraus!" Der üble Geruch schwand augenblicklich. Martha und Maria schwankten zwischen der aberwitzigen Hoffnung, die schon auf dem Weg zur Grabstätte in ihnen aufgekeimt war, und dem tiefen Zweifel am Gelingen der unerhörten Tat.

Doch dann stürzten beide mit einem lauten

Freudenschrei vorwärts ins Grab: Lazarus hatte sich erhoben, über und über noch bedeckt mit den Leichentüchern. Als die Schwestern halfen, die Tücher zu lösen, wichen sie draußen scheu vor Jesus zurück.

Die Pharisäer waren bei diesem Ereignis nicht zugegen, obwohl sie schon bei der ersten Kunde vom Ableben des Lazarus ausgeschwärmt waren, seine Besitzungen zu übernehmen, endlich. Ihre Strategie hatte sich ausbezahlt.

Die großen Schutzhunde lagen apathisch herum und rührten sich nicht vom Fleck. Die Eindringlinge waren mit der Tempelwache angerückt und durchstreiften Gebäude und Gelände, kaum dass sie die Privatsphäre der Schwestern noch achteten, denen sie sich mit lüsternen Blicken zu nähern versuchten.

Was sie insbesondere triumphieren ließ, war ihr vermeintliches Verfügungsrecht auch über die auswärtigen Besitzungen wie die große Herberge im Außenbezirk von Jerusalem. Seit je war es ein Stachel in ihrem Fleisch gewesen, dass das in einer herrlichen Umgebung gelegene Anwesen nicht ihnen gehörte, aber das Problem hatte sich erledigt.

Als die neuen Herren waren sie dort alle zusammen gekommen, um ihren Sieg zu feiern. Der Wirt hatte ihnen Tür und Tor öffnen müssen, Küche und Keller, und der Wein floss in Strömen, sogar für die rauen Schergen der Tempelwache. Um sie bei Laune zu halten; es gab einige Vorhaben, bei denen sie gebraucht wurden, während ihre Herren derweilen die juristische Seite der Angelegenheit regelten.

Mitten hinein in diese Festlichkeit explodierte die Nachricht von den Ereignissen in Bethanien. Sie konnten es nicht glauben im ersten Augenblick. Auch danach nicht: Denkbar war ihnen nur, dass ein ungeheurer Betrug stattgefunden haben musste. Entweder Lazarus war gar nicht gestorben und alles war ein Trick oder es gab einen Doppelgänger, der in seinem Namen auftrat. So oder so: Es musste ein Betrug sein der allerübelsten Art!

Was zu tun war, musste auf der Stelle in einer Krisensitzung entschieden werden. In die Stimme der Rachsucht mischte sich allerdings auch die Stimme der Vernunft: Im Ostjordanland war eine Wüstenregion über Nacht in eine fruchtbare Landschaft verwandelt worden, nachdem Jesus dort bei den bettelarmen Bewohnern liebevoll aufgenommen worden war. Wer solche Taten vollbrachte, musste eine göttliche Macht besitzen. War es nicht besser, sie anzuerkennen?

Es gab einen wütenden Aufruhr gegen diese Stimmen der Einsicht: Alles Betrug, auch das! Was es auch war, die Wahrheit dahinter würde ans Licht kommen! Die Mehrheit stimmte dafür, endlich rigoros Schluss zu machen.

Und das sofort, da ja die Tempelwache schon bei der Hand war! Auf nach Bethanien! Der Plan war, Lazarus, den richtigen oder falschen, ins Freie zu locken, und diesen Jesus gleich mit. Und dann zuschlagen, koste es, was es wolle!

Die Aktion verlief zuerst nach Plan, doch dann

kam etwas dazwischen: In Bethanien angekommen, stürzten sich die riesigen Schutzhunde, zu furiosem Leben erwacht, auf sie. Soviel Bewaffnete ihrer auch waren, keiner traute sich mehr sich zu rühren. Wer es trotzdem versuchte, stand nicht lange auf eigenen Füßen und freute sich hinterher, dass er überhaupt mit dem Leben davongekommen war.

Für die Pharisäer musste es ein Schock gewesen sei, wie sie ihn noch nie erlebt hatten. Lazarus – er war es tatsächlich! – kam und stand vor ihnen. Er hatte ihnen nicht viel zu sagen; Jesus, der ihn begleitete, dafür umso mehr. Ihr schlechtes Handeln hielt Er ihnen vor Augen in dem Versuch, sie doch noch zu einer Umkehr zu bewegen. Vergeblich. Aber zuhören mussten sie, ob sie wollten oder nicht, zähneknirschend. Dann wurde den Hunden ein Zeichen gegeben und alle hatten es plötzlich sehr, sehr eilig, nach Hause zu kommen, Hals über Kopf davonstürzend, die Hunde über ihnen.

Die Menschen in Bethanien, die als Augenzeugen der Erweckung scheu zurückgewichen waren, hatte Jesus angesprochen mit der Frage, wovor sie sich fürchteten. Sie waren sich in ihrer Sündhaftigkeit erbärmlich vorgekommen vor dieser Allmacht und bangten, wie sie vor Ihm bestehen mochten, Der sie durch einen Hauch vernichten konnte.

Es war das alte Erbe ihrer Religion, das sie so denken ließ: Gott war nur vorstellbar und verehrungswürdig als ein unendlich hoch über ihnen stehender Gott der Rache, der seine strengen Strafgerichte verhängte, vor denen die Menschen zittern und bangen mussten.

Dabei war es das Gegenteil: Er war in Liebe und Barmherzigkeit gekommen, um seinen Geschöpfen die Wege ins Leben zu zeigen, nicht in den Tod. Wenn sie es denn annehmen wollten! Bei Lazarus bestand diese Sorge nicht. „Mein Herr und mein Gott!", hatte er gerufen und war auf die Knie gefallen, bis Jesus ihn aufhob und sie sich umarmten wie ein Bruder den anderen.

Später hatten dann auch alle übrigen ihre Scheu verloren und umringten freudig den Retter. Retter im doppelten Sinne, denn niemand hatte sich ein Leben vorzustellen vermocht unter der Herrschaft des Tempels.

Lazarus, nachdem er sich gestärkt hatte und wieder zu Kräften gekommen war, gab den Befehl zu der Bereitung eines großen Festmahles, wie es im Land üblich war bei freudigen Ereignissen. Alle sollten eingeladen sein, auch die Nachbarn. Nur machte Jesus ihn darauf aufmerksam, dass noch andere Gäste zu erwarten waren, viele, sehr, sehr viele sogar. Alle Menschen in der Stadt, die Lazarus kannten und liebten, hatten sich nach dem Eintreffen der unerhörten Nachricht auf den Weg gemacht zu ihm. Schlussendlich wurden es tausend, die zusammenströmten, um ihre große Freude zu bekunden. Wo sie alle unterbringen?

Eigentlich hätte es mit Wundern ein Ende haben sollen, denn was zu tun war, hatten Menschen aus eigener Kraft und Begeisterung zu vollbringen. Aber hier waren sie überfordert. Ein letztes Mal musste Einer bemüht werden, der der Aufgabe gewachsen war: Raphael.

In der Zeit eines Wimpernschlages hätte er das Festmahl für die tausend Gäste bereitstellen können, samt der Zubereitung der Speisen und der Herbeischaffung der Getränke, dem Wein. Zudem die Tische und Sitzgelegenheiten, an denen es mangelte bei so vielen Besuchern, auch wenn es mit der Einrichtung im Haus des Lazarus sonst aufs Beste bestellt war.

Aber Raphael verstand es, all die vielen hilfswilligen Hände in Bewegung zu setzen, die sich ihm boten. Zu allen Problemen hatte er eine Antwort und eine Atmosphäre der Schaffensfreude verbreitete sich, dass Küche und Räumlichkeiten vor Betriebsamkeit summten und die Tische, festlich gedeckt mit auserlesenen Speisen, schon nach einer Stunde bereit waren für die vielen Gäste. Ohne dass jemand den besonderen Eindruck gehabt hatte von einem Wunder, waren alle freudig überrascht gewesen vom guten und schnellen Gelingen. Irgendwo hatte sich, obwohl niemand so recht wusste wie, das Fehlende noch rechtzeitig finden lassen.

Bevor man sich zu Tisch begab, lobten und dankten alle Dem, Der mit seiner Tat den Anlass gegeben hatte zu diesem Zusammenkommen.

Der Tag wurde sehr bedeutungsvoll, weil alle Anwesenden sich von den Lehren Jesu durch seine

Anhänger unterrichten ließen, sich zu ihnen bekannten und sie weiter verbreiteten. Was im Tempel im höchsten Maß für böses Blut sorgte.

Wenn es noch eines Funkens bedurft hätte, um bei den Gegnern die Flammen des Zorns anzufachen bis zur Weißglut – das war er gewesen! Alle Mitglieder des Tempels wurden zusammengerufen im Großen Rat, um sie auf die Rache für diesen beispiellosen Betrug einzuschwören.

15. Blinder Aufruhr

Nur ging die Sache nicht ganz reibungslos vonstatten, weil schon einige hochrangige Pharisäer die Realität des Erlebten oder von absolut glaubhaften Zeugen Mitgeteilten nicht mehr leugnen konnten.

Doch sie waren in der Minderzahl und ihre Meinung wurde von der Mehrheit niedergeschrien: Betrug! Alles im Zusammenhang mit diesen Volksaufrührern konnte nichts anderes sein als der raffinierteste Betrug, um eine feindliche Anhängerschaft gegen sie aufzubauen! Auf welche Art auch immer, es musste dem ein Ende gemacht werden!

Besonders diesem Jesus. Nur war Er zur Zeit nicht greifbar, weil Er sich in Bethanien aufhielt und das Erlebnis mit den Höllenhunden allen Beteiligten noch in den Knochen steckte. Zudem meldeten sich Stimmen, die ein zusätzliches Problem anschnitten: Die Römer! Jesus hatte einflussreiche Freunde unter ihnen, die ihn schützten. Also ergab sich die Notwendigkeit, Ihn zuerst bei ihnen zu verleumden als Rebell gegen die Ordnung, der einen Umsturz plante! Hatten sie im Volk nicht immer wieder danach geschrien, Ihn zum König zu machen?

Sie hätten ihre bösen Vorhaben lieber heute als morgen in die Tat umgesetzt, aber mussten warten: Der Gesuchte war vorerst nicht in Reichweite.

Auch Lazarus stand auf der schwarzen Liste des Tempels, weil durch ihn sehr viele Menschen zum wahren Glauben gekommen waren und immer noch kamen. Doch sein Vertrauen war unerschütterlich geworden. Er wusste, dass seine Hunde ihn vor allen Anschlägen auf sein Leben schützten.

Jesus sah, dass die Zeit seiner Vollendung gekommen war. Obwohl Lazarus gehofft hatte, Ihn in der anbrechenden Winterzeit zu beherbergen, wollte Jesus aufbrechen und sich an einem geheimen Ort der Stille vorbereiten, ganz zum Menschen zu werden und seine göttliche Macht abzulegen. Als Schöpfer wollte Er sich für alle Ewigkeit mit seinen Geschöpfen verbinden und den Tod, den sie auf der Erde durchleiden mussten, mit ihnen teilen. Einen gewaltsamen Tod, wie Er nur zu gut voraussah.

Er sprach davon zu Lazarus. Schon vorher hatte Er versucht, den Jüngern davon zu sprechen, dass sie das Unfassbare zu fassen vermochten. Aber sie hatten Ihn nicht verstehen können oder wollten nicht. Für sie, die seine Allgewalt nahezu täglich erlebten, war es ein unvorstellbarer Gedanke. Der bloße Verstand mochte die Worte registrieren, aber das Herz rebellierte, und auch Lazarus sagte: „Herr, Du wirst Dich doch dieser Brut nicht selbst überliefern, die nur würdig ist, baldigst vernichtet zu werden?!"

Vor der Abreise hatte Jesus es seiner zahlreichen Gefolgschaft freigestellt, sich nach Hause zu begeben, um Privatangelegenheiten zu erledigen.

Die meisten nahmen den Vorschlag an. Die Kerngruppe der späteren Apostel dagegen wollte mit Ihm gehen, außer Judas Ischariot.

Judas war sehr beeindruckt gewesen von den Geschehnissen in Bethanien. Er glaubte nichts anderes, als dass das Reich Gottes endlich aufgerichtet werde auf der Erde. In diesem Sinne wollte auch er das Seine tun, um tatkräftig bei der Vorbereitung zu helfen. Wünschte er doch, darin die ihm gebührende Stellung einzunehmen.

Er entwickelte Talente, die die Angelegenheit zu befördern schienen. Man sah und hörte ihn in der Stadt Jericho, wie er überall großartige Reden hielt, und das Volk ihm zuströmte. Jericho war die Winterresidenz des Königs Herodes, der bald aufmerksam wurde auf ihn. Herodes befand sich im ständigen Streit mit den Römern, aber auch mit dem Tempel, in dem Versuch, seine Macht gegen sie auszuweiten. Konnte dieser seltsame Heilige, Jesus, von dem Judas seine Reden schwang, ihm dabei von Nutzen sein?

Herodes hatte Johannes, den Täufer, der als „Prediger in der Wüste" machtvoll gewirkt hatte als der Verkünder des Kommenden, den Sohn des am Altar ermordeten Hohenpriesters Zacharias – nicht zu verwechseln mit Johannes, dem Jünger und späteren Evangelisten – schmachvoll enthaupten lassen. Weibliche List und Verführungskunst hatten ihn dazu gebracht. Was er hinterher arg bereute, weil er Angst hatte vor dem Geist des Toten und seiner Rache. Daher seine fixe Idee, das Unheil zu bannen mit den übersinnlichen Kräften des allseits bekannten Jesus, zu Dem ihm Judas Zugang verschaffen sollte.

Auf der anderen Seite war es Judas, der darauf spekulierte, mit Hilfe von Herodes ein Fundament zu legen für eine spätere Machtergreifung des Herrn. Diese Vorarbeit sollte ihm zu gegebener Zeit die gewünschte Anerkennung eintragen.

Er wurde eingeladen an den Hof von Herodes, an dem vielfältige Fäden von Intrigen gesponnen wurden und an denen er mitspann. Nebenbei betätigte er sich als Sozialrevolutionär, indem er in den verarmten Bevölkerungsschichten den Leuten das Blaue vom Himmel herab predigte einschließlich der Befreiung vom Joch der Römer.

Die Römer! Cyrenius, der treueste Anhänger von Jesus, war weit weg, endlos beschäftigt mit Regierungsangelegenheiten, während in Jerusalem der Statthalter Pontius Pilatus in untergeordneter Stellung residierte, der sein Amt nur seiner adligen Geburt verdankte. Ansonsten war er ein eher wankelmütiger Mensch, der froh war, wenn er nicht zuviel Ärger bekam, weder mit Herodes noch mit dem Tempel. Cyrenius aber hatte keine Wahrnehmung von dem, was sich vorbreitete.

Judas versuchte, in diesen politischen Verhältnissen mitzumischen. Vielleicht lassen sich so die Vorstellungen und der Willensdrang verstehen, die nach und nach in seinem überhitzten Gehirn entstanden und die zu der Tat führten, die auf ewig im Gedächtnis der Menschheit mit seinem Namen verbunden ist: Durch seinen Verrat Jesus zu zwingen, endlich seine Macht zu demonstrieren und die Weltherrschaft an sich zu reißen.

Judas hatte seine Fehleinschätzung teuer zu bezahlen – mit seinem Leben. Jesus sollte später von ihm sagen, er sei kein grundschlechter Mensch gewesen, aber einer, der von einem inneren Zwiespalt zerrissen wurde.

Nach dem Tod von Jakob Lorber mussten 27 Jahre vergehen, bis der noch fehlende Rest der Aufzeichnungen vollendet wurde, an einem anderen Ort, von einem Menschen mit anderer Bildung und kulturellem Hintergrund, der die innere Stimme empfing. Die Kundgebungen unterschieden sich, weil sie in Stil und Wortwahl den Ausdrucksmöglichkeiten des Mittlers angepasst waren.

Bei den Mitteilungen handelte es sich um die letzte Zeit des irdischen Lebens Jesu, die die Begegnungen einer abschließenden Reise umfasst, die Erlebnisse in Bethanien und den Rückzug in die Einsamkeit. Dann mündet der Bericht ein in die Vorgänge der Karwoche in Jerusalem, von denen der Herr sagt, dass den ausführlichen Darstellungen der Evangelien im Neuen Testament, vor allem des Johannes-Evangeliums, nicht mehr sehr viel hinzuzufügen sei.

Im Winterhalbjahr hatte Lazarus sehnsüchtig auf die Rückkehr des Herrn gewartet, nicht zuletzt weil er sich einen Rat erhoffte bei den immer maßloser werdenden Intrigen des Tempels, die ihm mit der ewigen Verfluchung drohten und mit ihren Giftmischereien.

Ein abgesandter Bote fand das Winterquartier der Jünger und ihres Meisters in der Wildnis einer abgelegenen Berggegend, wo sie sich in einer verfallenen, doch von ihnen gegen die starke Kälte wohnlich instandgesetzten Burgruine eingerichtet hatten.

Mit dem Bericht, den der Bote zurückbrachte, entschloss sich Lazarus, endgültig mit dem Tempel zu brechen und den Schutz der Römer zu suchen. Tiefgläubig und als einer der Besten seines Volkes, waren ihm die Templer einmal die höchsten Autoritäten in Fragen der Religion gewesen, aber das war vorbei. Womit andererseits auch ihre Aussicht auf das Erbe der großen Besitzungen zunichte war.

Das Osterfest war näher gerückt und damit die versprochene Heimkehr von Jesus. Lazarus hielt sich oft lange auf einem der schönsten Aussichtspunkte seiner Besitzungen auf und hielt Ausschau. Bis er endlich die ankommende Schar erspähte und Anweisungen gab, sie festlich zu empfangen.

Obwohl der Jünger Petrus vor der Heimkehr zu warnen versucht hatte, waren sie zurück und die Freude war groß bei allen. In den folgenden Tagen saß man in größeren und kleineren Gruppen zusammen und lauschte den Lehren des Herrn, die Er wie ein Vermächtnis zu vielen Gebieten des Daseins gab. Doch es mischten sich Worte über das Zukünftige hinein, die dunkel und drohend klangen und plötzlich war auch Judas wieder da.

Während die Jünger noch an ihrem heimlichen Ärger schluckten, fing er wortgewaltig an, seine Zukunftsvisionen vor ihnen zu entwickeln. Alles war bereit, es brauchte nur noch den Funken der Initialzündung, um das Volk in Begeisterung zu entflammen und das Alte hinwegzufegen! Die Magie seiner Worte drohte die Zuhörer in ihren Bann zu ziehen, fast gegen ihren Willen.

Doch dann entstand eine große erwartungsvolle Stille. Bis Jesus Worte sprach von der baldigen Erfüllung seiner Mission und von seiner „Erhöhung". Judas legte sie in seinem Sinn aus, doch es fiel ihm nicht bei, dass sie etwas anderes bedeuteten.

Es war der große Saal der bekannten Herberge, in dem alle schweigend und nachdenklich saßen, als sich die Türe öffnete. Maria, die Schwester des Lazarus, trat ein. Sie vollzog eine Handlung, die in Erinnerung geblieben ist als die „Salbung in Bethanien" und die später Anlass gab zu der Verwechslung mit einer ähnlichen Tat von Maria von Magdalon.

Ohne nach rechts und links zu schauen, ging sie auf Jesus zu, sank vor Ihm zu Boden und bedeckte laut weinend seine Füße mit Küssen. Sie öffnete ein Gefäß mit kostbarstem Nardenöl, salbte die Füße und trocknete sie mit der Fülle ihrer Haare. Der ungemein erfrischende und belebende Wohlgeruch des Öls erfüllte das ganze Haus. Es war ein Vorgang, wie er nur als höchste Ehrenbezeugung bei

Königen gebräuchlich war, die in ihr Amt eingeführt wurden.

Judas konnte eine Bemerkung dazu nicht zurückhalten und als selbsternannter und im Übrigen wohlgenährter Finanzchef rechnete er seinen Kollegen vor, welch immenses Vermögen das Öl gekostet haben musste und wieviele hungrige und arme Menschen damit hätten gesättigt werden können. Doch seine Zuhörer vermuteten, dass es eher der Geiz war, die ihn so reden ließ.

Jesus antwortete: „Was diese getan hat, hat sie aus Liebe getan … Arme habt ihr allezeit bei euch, mich aber habt ihr nicht allezeit." Es schien wie ein weiterer dunkler Hinweis zu sein, dass ihr Meister bald von ihnen gehen würde. Dann hob Jesus die heftig Weinende vom Boden auf und segnete sie.

Später war es Petrus, der die Absicht des Herrn erkundete, ob Er am nächsten Tag vor allem Volk im Tempel zu predigen gedächte. Als Jesus bejahte, versuchte er wieder, Ihn eindringlich zu warnen: Die Rückkehr wäre dem Tempel nicht entgangen; überall mischten sich Spione unter die Menschen und ihre gehässigen Blicke ließen nichts Gutes erahnen. Jesus gebot ihm zu schweigen. Niemand sollte Ihn hindern zu tun, was Er zu tun hatte: die Erfüllung seiner Erdenmission.

Judas, der diese Worte erlauerte, interpretierte sie wieder im eigenen Sinne. Er erhob sich und verließ heimlich triumphierend die Gemeinschaft. Er sah seine große Chance gekommen. In der Stadt ließ er seine Beziehungen spielen und war unermüdlich

unterwegs, Informationen zu sammeln und weiter-
zugeben. Wegen der kommenden Festtage quoll die
Metropole über von Besuchern – darunter viele, die
eigens wegen des großen Wundermannes angereist
waren – und die Botschaft verbreitete sich schnell:
Auf zum Tempel, Jesus wird sprechen! Morgen!

Was folgte, ist die aus der Bibel bekannte Szene des
triumphalen Einzugs auf einer Eselin in Jerusalem
am Palmsonntag. Eine große Menschenmenge, Tausende, erwartete Jesus schon draußen vor den Toren
der Stadt und huldigte Ihm, indem sie abgebro-
chene grüne Zweige und Palmwedel auf die Straßen
streute – seit alters her die Ehrenbezeugung, mit der
nur Könige begrüßt wurden. Als die Menge auch
Lazarus erkannte als den Begleiter von Jesus, fand
der Jubel kein Ende mehr.

Wer nicht jubelte, waren die Tempeloberen. Sie
mussten eine Empfindung gehabt haben wie auf
einer Gratwanderung, bei der jeden Augenblick der
Absturz drohte. Auf einmal waren sie verschwunden. Alle. Unauffindbar. Ihnen waren die Parolen
nicht entgangen, die überall in der Stadt kursierten
und die ihnen hässlich in den Ohren klangen.

Die Menschenmassen wälzten sich auf den Tempel zu, in ihrem Begeisterungstaumel bereit, jeden
Widerstand zu brechen. Aber es gab nichts zu
brechen, alle Tore waren weit geöffnet, sogar die
zum Allerheiligsten, das sonst nur vom obersten
Priester betreten werden durfte.

Besonders irritierend war die völlige Abwesenheit der Templer deshalb, weil gerade sie es waren, ohne die der große Wurf nicht gelingen konnte. Stoßtrupps schwärmten aus, nach ihnen zu suchen, doch vergebens. Die Händler und Geldwechsler aber, die sich wieder breitgemacht hatten, verließen, eingedenk früherer Kalamitäten, fluchtartig das Gelände.

Der Plan, der plötzlich wie aus dem Nichts in aller Köpfe lebte, war die Ausrufung von Jesus zum König. Damit es damit seine volle und unumstößliche Richtigkeit bekam, musste Er mit dem Heiligen Öl gesalbt werden, das von den Hohenpriestern verwahrt wurde, und sie sollten es tun, selbst wenn sie mit Gewalt dazu gezwungen werden mussten.

Aber sie blieben wie vom Erdboden verschluckt. Als dadurch die aufgeheizte Stimmung etwas abkühlte, richteten sich alle Augen auf Jesus, der an der Spitze des Zuges weiter vorwärtsschritt. Die weiten Hallen des Tempels füllten sich.

Jesus ging in das geöffnete Allerheiligste hinein, das bei schwerer Strafe niemand aus dem einfachen Volk betreten durfte. Vom Opferaltar aus wandte Er sich um und überblickte die Menge. Alle warteten auf das eine Wort, das die Ereignisse auch ohne Priester in Gang setzte, auf den Funken, der die Welt in Brand geraten ließ und die bestehende Herrschaft davonfegte: Revolution!

Doch Er sprach mit lauter Stimme nur davon, dass die Altäre von nun an im Inneren der Herzen zu errichten seien und nicht mehr äußerlich im Tempel. Jedem würde die Gnade zuteilwerden, der das große Gesetz befolgte: Liebet eure Nächsten wie euch selbst! Kein Hass, kein Hader, keine Herrschsucht! Dann und nur dann würde das Königtum entstehen, an dem alle ihren Anteil hatten.

Wie um ein Exempel zu geben, wandte Er sich zu den vielen Kranken, die in den Hallen lagerten, zum Teil schon seit langer Zeit. Sie hatten auf die Bittgebete der Priester gewartet, die ihnen allerdings nur gewährt wurden bei entsprechender Bezahlung. Und wenn sie wirkungslos blieben, die letzte Habe aufgezehrt war und sie weiterhin krank – dann waren sie eben selber schuld, weil sie unreine Gedanken gehabt hatten!

Jesus sprach sie an und sah, wie sie ihre Hoffnung und ihr Vertrauen auf Ihn setzten. Da ließ Er sie gesund werden – ob lahm oder verkrüppelt, blind oder taub, sogar die mit fehlenden Gliedmaßen – sie waren heil und unversehrt und priesen Gott, den Allmächtigen.

Die Reaktion der Menge war gemischt. Noch einmal brandete Jubel auf, aber die Königsschreier waren verstimmt: Die Heilungen kannte man schon, wer wusste, auf welch seltsame Art sie zustande kamen. Was sie wollten und das sofort, war etwas anderes: Einen ruhmreichen König in aller Macht und Glorie, in dessen Glanz auch sie sich sonnen konnten!

Der Umschwung in der Stimmung war nicht unbemerkt geblieben. Die verkleideten Spione des Tempels hatten sich unter das Volk gemischt und halfen nach Kräften, die Heilungen klein und das um sich greifende Unbehagen groß zu reden: Dieser Quacksalber aus Nazareth – letztendlich war alles doch nur ein großer Bluff!, zischelten sie und die Königslüsternen wurden unsicher.

Zumal als Jesus ihnen vom Altar aus die möglichen Folgen vor Augen hielt: Immer wenn das Volk nach Königen geschrien hatte, war es zu Katastrophen gekommen, zu Kriegen, Konflikten und in deren Verlauf zu Verwüstungen, zu Mord und Brand und Gefangenschaft. Und das nur, weil die Herrschsucht ins Grenzenlose aufgestachelt war. Wollten sie das?

Wenn schon der alte Herodes aus lauter Panik vor den Gerüchten um die Geburt eines Konkurrenten einen Massenmord unter den Kindern des Volkes veranstaltet hatte, was, glaubten sie, würde der jetzige König Herodes tun bei der Aussicht auf einen anderen Anwärter auf die Königswürde? Wenn sie unbedingt einen alles verwüstenden Bürgerkrieg wollten, sollten sie so weitermachen!

Das Argument war nicht von der Hand zu weisen, trotzdem fanden immer mehr Königsschreier, dem Falschen hinterhergelaufen zu sein. Das war nicht der strahlende Held, den sie ersehnt hatten! Als Jesus in die Menge rief: „Mein Reich ist nicht von dieser Welt", kippte die Stimmung endgültig.

16.   Die Erhöhung

Was kam, schien das unaufhaltsame Zutreiben auf eine Katastrophe zu sein, doch es war die Vorbereitung zur größten Tat der Menschheitsgeschichte. Für die Wissenden. Judas gehörte nicht zu ihnen, aber war das Werkzeug, ohne das diese Tat in dieser Art nicht hätte geschehen können.

Für ihn war der Verlauf des Tages ein einziges Desaster gewesen. Von der Hochstimmung des frühen Morgens, als er selbstgefällig lächelnd und mit stolzgeschwellter Brust an der Spitze des Zuges mitmarschierte als ein heimlicher Drahtzieher hinter den Ereignissen, war nichts geblieben als das abscheuliche Gefühl des absoluten Scheiterns.

Als die Stimmung gekippt war, hatte der Tempel sofort die Initiative wieder an sich gerissen. Ohne Verzug hatten Posaunenbläser und Herolde einen Versöhnungsgottesdienst angekündigt, von Gott persönlich angeordnet, durch den allen Anwesenden ihre Sünden vergeben würden.

Er wurde mit großem Gepränge gefeiert und zog die eben noch königslüsternen Massen in seinen Bann. Der bekannte Geiz des Tempels schlug um in das Gegenteil und großartige Speisungen und Beschenkungen der Armen wurden in Gang gesetzt. Sie verfehlten ihre Wirkung nicht: Von den Wankelmütigen war der „Beinahe-König" schnell vergessen. Die Menschen, die Ihn nicht vergaßen, gingen still auseinander. Sie hatten keine Stimme, die in dem neuerlichen Trubel noch gehört wurde.

Zudem hatten die Templer ihren Spott verbreitet wegen einer Aussage, dass „des Menschen Sohn erhöht werden müsse". Was sollte der Unsinn? Jesus sah, dass alle seine Worte verdreht wurden, wandte sich ab und ging. Die Gruppe der Jünger und Lazarus machten sich ebenfalls auf den Weg zurück nach Bethanien, tief in Gedanken, warum dieser Hauptschlag, den ihr Meister anscheinend hatte führen wollen, so unbegreiflicherweise in einem totalen Misserfolg endete. Wo war seine Wunderkraft geblieben?

Nachdem Jesus sich im Hause des Freundes einsam in ein stilles Gemach zurückgezogen hatte, saßen die anderen noch lange in Gesprächen beieinander. Insbesondere Judas konnte kaum seine Erregung zügeln und führte Reden, die die anderen erschreckten.

Nicht dass er zweifeln wollte an der göttlichen Macht des Herrn, aber sie wohnte in einer noch zu schwachen Hülle, in der seine Sanftmut im letzten Moment wieder alles zunichtemachte, was zu einem großen Erfolg hätte führen können. „Nicht Sanftmut und Güte allein ist es, die die Welt regieren, sondern auch die Faust, welche das Schwert zu führen weiß und, wenn es sein muss, mit blutiger Strenge dareinfährt", war seine Rede.

Womit er nur charakterisierte, nach welchen

Grundsätzen die Welt bis anhin funktioniert hatte und wohl noch weit in die Zukunft hinein funktionieren würde. Dass Jesus einen neuen Impuls brachte, war ihm nicht ersichtlich. Den anderen Jüngern schon eher, auch wenn ihnen vieles an dem Geschehen rätselhaft und unverständlich blieb. Petrus sagte: „Der Herr wird wohl selbst am besten wissen, was er vorhat und wie Er handelt." Worauf Judas verstummte, finster und verschlossen, und die Nacht in schlafloser Grübelei verbrachte.

Wie konnte der Herr nur so zaghaft und zögerlich sein, die besten Chancen zu vertun? Es hätte nur noch ein Weniges gefehlt, um einen vollen Sieg zu erringen! Warum musste Er sich im Augenblick des nahen Triumpfes abgeben mit den Kranken und Krüppeln? War nicht das Volk als Ganzes unendlich wichtiger, die Gesunden und Starken, die den Tempelwucher nur mit knirschenden Zähnen ertrugen und die Knechtschaft unter einem Kaiser, der mit den erpressten Steuergeldern im fernen Rom in Saus und Braus lebte?

Alle wären auf ein Zeichen hin bereit gewesen zu dem Aufstand, der das Bestehende wegfegte zugunsten eines Reiches der Glorie und Machtfülle, dem Paradies auf Erden mit einem gerechten Fürst, der Leid in Lust wandelte und Armut in Reichtum – und dieses Zeichen war nicht gekommen! Dabei hatte der Herr unzählige Proben seiner Macht abgelegt, Er hätte unzweifelhaft das Zeug dazu gehabt: Eine Kraft, die ihn überschattete wie keinen

Menschen je zuvor. Warum nur, warum schreckte Er immer im letzten Augenblick zurück? Judas' Gedanken drehten sich im Kreis und kehrten stets zu der gleichen Frage zurück.

Er versuchte, davon zu seinem Jugendfreund zu sprechen, Thomas. Auch der war innerlich angenagt von Zweifeln, doch dieser Gedankenaufruhr ließ ihn frösteln. Zumal Judas davon redete, dass der Herr, so Er den letzten Schritt nicht zu tun wagte, dazu gezwungen werden müsse!

Zwingen? Den Gebieter der Welt und aller Engelscharen zwingen? Thomas erschrak bis ins innerste Mark. War denn Judas nicht dabei gewesen, wenn Raphael, der von sich sagte, nur der allergeringste Diener des Herrn zu sein, die Zeichen seines Könnens gegeben hatte? Es gab keinen Menschen, der Raphael zu etwas hätte zwingen können, geschweige denn, dass der Herrn selber zu zwingen war! Wie sollte Er jemals zu zwingen sein? „Bruder, lass ab von solchen Gedanken; es taugt nicht, – mir graut davor!"

Judas hatte darauf etwas halblaut zu sich selber gemurmelt, hatte Thomas einen Schwächling genannt und war gegangen, nachdem er ihm das Versprechen abgenommen hatte, zu schweigen. Er zog sich zurück, um weiter zu brüten über das Gesprochene. Noch wusste er nicht, was und wie etwas zu geschehen habe; er fühlte nur, dass es geschehen müsse.

Das mag der Augenblick gewesen sein, in dem sich in ihm ein Gedanke endgültig festsetzte, den er

167

in seiner Ungeheuerlichkeit vorher kaum bis zum Ende zu denken gewagt hatte: Den Herrn in eine Situation zu bringen, in der die Henkersknechte der Feinde mit brutaler Gewalt Hand an Ihn legten. Dann endlich würde Er von seiner göttlichen Kraft Gebrauch machen müssen – müssen! – wenn Er und seine Mission nicht untergehen wollten. Es war nicht anders denkbar! Absolut nicht!

Die Tat, die daraus folgte, ist in allen vier Evangelien des Neuen Testamentes verzeichnet, wenn auch nur mit knappen Worten: Der Verrat! Wobei der Eindruck entstehen könnte, dass es Geldgier gewesen war, die Judas dazu getrieben hatte. Dem war nicht so, wie ausdrücklich versichert wird, obwohl ihm sein Handeln gelohnt wurde mit elenden 30 Silberlingen. Judas wäre nicht Judas gewesen, wenn er sie nicht genommen hätte. Aber auch wenn es nicht sein wahres Motiv war, so war es doch Blutgeld und nur noch kurze Zeit sollte vergehen, bis es ihn wie das Höllenfeuer brannte und verbrannte. So, wie es einmal voraus gesagt worden war.

Das Große Evangelium Johannes beschreibt den Hergang ausführlicher. Während Jesus sich zurückzog, um sich auf das Kommende innerlich vorzubereiten, erforschte Judas in Jerusalem die Lage. Der Tempel wurde pausenlos bewacht und war gesichert durch von Herodes angemietetem Militär. Zusätzlich patrouillierten römische Soldaten durch die Straßen, vom Landpfleger Pontius Pilatus angefordert mit dem Argument, drohenden Volksaufständen zuvor zu kommen. Doch es blieb ruhig. Wenn überhaupt, traute man sich nur hinter vorgehaltener Hand, seine Meinung zu äußern.

Aber das genügte Judas: Überall war eine Verwunderung herauszuhören, wie seltsam der vermeintliche Staatsstreich geendet hatte und warum Jesus danach spurlos verschwunden war. Judas glaubte darin die Sehnsucht des Volkes zu erkennen nach einem erneuten und diesmal von Erfolg gekrönten Versuch der Befreiung von der Tyrannei.

Im Tempel wurde derweilen Tag und Nacht hinter verschlossenen Türen beratschlagt, wie diesem mit magischen Kräften ausgestatteten Aufrührer beizukommen sei. Doch zu konkreten Ergebnissen konnten sie nicht gelangen; zu verwirrend waren die Erfahrungen bei den bisherigen Fehlschlägen.

Plötzlich wurde die Nachricht überbracht, ein Mensch verlange Einlass, um eine wichtige Mitteilung zu machen. Es war Judas, der die Spur zu dem Gesuchten zeigen wollte. In der Versammlung wurde die Meinung laut, dass der Fang auf diese Art tatsächlich gelingen könnte, in der Nacht, in der die Kräfte von Magiern schwächer würden.

War Judas bereit, sie zu führen? Er war, und der Handel wurde abgeschlossen mit den hocherfreuten Templern. Ort und Stunde wurden bestimmt, wann das Treffen mit den Kriegsknechten sein sollte, um das Werk zu vollbringen. Judas glaubte sich am Ziel und sah sich schon als Mitregent in einem strahlenden Weltreich.

Die weiteren Ereignisse müssen nicht in ihren Einzelheiten geschildert werden, sie sind in den Evangelien des Neuen Testamentes aufgezeichnet: Die Abschiedsreden Jesu, das Abendmahl mit dem rituellen Essen des Osterlamms vor den Tagen des Passahfestes, die Fußwaschung als niedrigste Sklavenarbeit, mit der Jesus seinen Jüngern diente, das Brechen des Brotes und das Trinken des Weines aus dem Kelch. Auch das Große Evangelium Johannes hat nicht viel mehr hinzuzufügen.

Die Jünger waren erschreckt gewesen, weil Jesus dunkle Worte von einem Verrat gesprochen hatte, die sie nicht zu deuten wussten. Als letzte Handlung des Abendmahles hatte Er an jeden nach alter Sitte einen Bissen Brot ausgeteilt mit einem Spruch aus der Schrift. Zu Judas sagte Er dabei: „Was du tust, das tue bald." Die Jünger verstanden das als den Auftrag zu einer Besorgung, die zu erledigen war. Doch Judas nahm es als die Aufforderung, seinen Plan endgültig in die Tat umzusetzen und verschwand; die sehnlichst erwartete Stunde war gekommen.

Auch die anderen brachen auf und begaben sich in den naheliegenden Garten Gethsemane, der zur Besitzung von Lazarus gehörte und in einer landschaftlich reizvollen Umgebung auf den Hängen des Ölbergs lag.

Es war der Ort, an dem Jesus das nahende Unheil bis in bitterste Tiefen im Voraus zu durchleben hatte. Um seine Mission zu erfüllen, musste sich seine menschliche Wesenheit ganz von der Gottheit trennen, die in Ihm lebte. Sie musste sich frei entscheiden, ob sie sich dem Ihm von seinen Gegnern zugedachten Schicksal ausliefern wollte, den Erniedrigungen und körperlichen Qualen jenseits von allem Vorstellungsvermögen seiner Anhänger.

Er hatte die Wahl: In der Rückkehr zu seiner Gottheit mit seiner Kraft den Lauf der Dinge zu lenken und ein ewiges Reich der Macht und Glorie zu errichten, in dem niemand mehr vom Pfad der Tugend abwich – oder aber den freien Willen der Menschen als unantastbar zu bejahen und ihnen damit die stetige Weiterentwicklung zu ungeahnten Höhen zu ermöglichen. Aber auch zu den tiefsten Abgründen und Er selber war es, der diese Abgründe durchmessen musste.

Der Mensch in Ihm, dem die Qualen alle vor Augen standen, ließ Ihn sagen: „Meine Seele ist betrübt bis in den Tod." Er war allein mit den Schreckensbildern, die auf ihn eindrangen, mit Verzweiflung und Todesangst, die auch Ihn nicht verschonten. Seine engsten Jünger, die Ihn begleiteten, waren eingeschlafen. Dreimal weckte Er sie und dreimal schliefen sie wieder ein. Er fiel nieder auf sein Angesicht, betete und sagte: „Mein Vater, ist es möglich, so gehe dieser Kelch an mir vorüber; doch nicht wie ich will, sondern wie Du willst!" Und zu den schlafenden Jüngern: „Wie könnt ihr mich allein lassen in dieser schwersten Stunde?"

Dass das ganze Ausmaß dieser dunkelsten Stunde bis in unauslotbare Abgründe reichte, lässt sich aus den Visionen der Nonne Anna Katharina Emmerich entnehmen, die ihr auf ihrem armseligen Krankenlager geoffenbart wurden: Sie sah, wie Gespenster und Dämonen auf Ihn eindrangen, der Satan selber mit seiner höllischen Gefolgschaft.

Sie schrien Ihm seinen Schuldanteil am Elend der Welt in die Ohren. Waren es nicht die Kriege im Namen der Religionen, die unaussprechliches Leid über die Menschen brachten? Warum wollte Er sie nicht verhindern? Warum griff Er nicht ein bei Grausamkeiten, Mord und Brand? Allein schon seine bloße Existenz war die Ursache für ein unmenschliches Verbrechen. 5000 Knaben, bestialisch ermordet – es war wegen Ihm gewesen! Er war schuld! Er, ein Schöpfer der Welt, und das Schicksal seiner Kreaturen war Ihm, der mit einem Hauch das Übel hätte abwehren können, egal!?

Jesus krümmte und wandte sich unter der Anschuldigungen; der Schweiß, der Ihm ausbrach, war wie Blut. Als Er zu den schlafenden Jüngern taumelte und sie erschreckt auffuhren, erkannten sie Ihn kaum, so sehr war sein Äußeres entstellt.

Die Dämonen kehrten zurück und als Jesus alle Schuld auf sich nehmen wollte, um Sühne zu leisten für alle Sünden der Menschen, stellten sie Ihm die Qual vor Augen, die auf Ihn wartete und verlangten hämisch zu wissen, ob Er wirklich bereit war, für solche missratenen Kreaturen zu leiden.

Doch das war noch nicht alles. Schlimmere Untaten würden erst in der Zukunft geschehen, wenn die Entwicklung, die Er angestoßen hatte, zur vollen Entfaltung käme: Seine Kirche, die ein Hort der innigsten Menschlichkeit werden sollte und die doch nur immer in Gefahr war, zu einem Machtzentrum zu werden, in dem Perversionen aller Art zu Hause waren und von dem Kriege und Konflikte ausgingen, die ganze Länder verwüsteten und Bevölkerungen ausrotteten.

Jesus lag wie zerstört am Boden, doch in seinem Inneren war der Entschluss gereift: Er nahm alle Schuld auf sich! Vom Himmel erschien ein Engel und stärkte Ihn. Er war bereit.

Es ging gegen Mitternacht, als sich ein Fackelzug näherte, ein Trupp Soldaten und Henkersknechte, mit Judas an der Spitze. Jesus ging ihnen entgegen, die Jünger folgten. Mit einem Kuss verriet Judas den Häschern, wer der Gesuchte war. Noch trauten sie sich nicht, Hand an Ihn zu legen und als Jesus sprach: „Ich bin's", prallten sie vor der Macht seines Wortes zurück, sodass einige zu Boden stürzten. Doch dann ließ Er zu, dass sie Ihn packten.

Nach der Überwindung des ersten Schreckens, als die Kriegsknechte merkten, dass Jesus sich ohne Gegenwehr ergab und sogar noch seine Jünger von jeglicher Verteidigung zurückhielt, griffen sie mit ihrer ganzen Rohheit zu. Die Evangelien vermelden, dass sie Ihn zu den Hohenpriestern und Schriftgelehrten führten, aber Katharina Emmerich sah in ihren Visionen, wie sie es taten.

Sie fesselten Ihm die Arme eng an den Leib und banden Seile um Ihn, an denen sie Ihn unter grobem

Gelächter vorwärts zerrten, vorzugsweise über Felsen und Dornengestrüpp. Stürzte ihr Opfer, zogen sie es brutal wieder auf, nur um es über die nächsten Hindernisse wiederum zu Fall kommen zu lassen. An einem Bach stießen sie Ihn ins Wasser und rissen Ihn durch Schlamm und Dreck weiter. Es ist wohl nur göttlicher Fügung oder glücklichen Umständen zu verdanken, dass sie Ihn nicht schon auf dem Weg zu Tode brachten.

Und das war nur der Anfang einer ununterbrochenen Kette von Erniedrigungen, Misshandlungen und Folterungen. Judas, der seinen Augen nicht traute, war bestürzt zurückgewichen.

Am Ende des Großen Evangelium Johannes wird gesagt, dass keine Beschreibung der Folterqualen gegeben werde, weil Menschen mit ihrer irdischen Seele sie nicht zu fassen vermögen. Der geheime Sinn, der in dem Gang durch alle diese Schmerzen liege, erschlösse sich nur denen, die ihren Leib abgelegt hatten und in einer anderen Sphäre lebten.

Was den äußeren Ablauf der Ereignisse betrifft, ist er in den Evangelien der Bibel enthalten, denen kaum noch etwas hinzuzufügen ist. Das Todesurteil durch die rachsüchtigen Hohenpriester am nächsten Morgen war schnell fertig gewesen; Stimmen zu Gunsten des Verurteilten waren nicht zugelassen worden. Danach handelte es sich nur noch darum, das Urteil von dem Inhaber der römischen Amtsgewalt bestätigen zu lassen, Pontius Pilatus. Der aber sperrte sich, weil er keine Schuld sah.

Die Priester hatten unterdessen eine große Volksmenge organisiert und sie aufpeitschen lassen, nach der Vollstreckung des Urteils zu schreien. „Kreuzige, kreuzige", schrie der Mob. Die noch größere Menge, die Jesus liebte und ihm wohl gesonnen war, wurde in weitem Abstand gehalten, so dass die Klagerufe und das Weinen vor allem der Frauen nicht durchdringen konnten.

Pilatus wollte seine Hände nicht mit unschuldigem Blut besudeln, und schickte Jesus weiter zu Herodes. Trotz seiner Neugier konnte der aber nur noch eine übel zugerichtete Jammergestalt sehen, die vor ihn gebracht wurde und nichts mehr von einem angeblich mächtigen Magier an sich hatte. Er übergab Jesus seinen Soldaten, die ihn in höllischem Grimm weiter misshandelten und dann zu Pilatus zurückschleppten.

Dieser kam, als der Mob immer wütender sein „Kreuzige, kreuzige" schrie, auf den unseligen Gedanken, bei den Rasenden Mitleid zu erwecken, indem er Jesus für Straftaten, die nie begangen worden waren, geißeln ließ. Jesus wurde nackt an eine Säule gefesselt und ausgepeitscht, bis die Haut in Fetzen hing und das Blut in Strömen lief.

Die Tat bewirkte das Gegenteil. Der Mob schrie noch lauter und die Templer drohten, Pilatus selber beim Kaiser zu verklagen als Rebell gegen die Ordnung, der nicht gegen einen landesweit bekannten Volksaufrührer einschreiten wollte. Pilatus knickte ein und übergab ihnen Jesus, dass das Urteil vollstreckt würde. Vorher aber wusch er sich vor aller Augen die Hände, um zu zeigen, dass er persönlich keinen Anteil an dem grauenvollen Geschehen hätte.

Und so vollendete sich, was in dunklen Worten immer wieder angesprochen, und von den Jüngern nie verstanden worden war: Ein Stamm mit einem Querholz oben, ein Kreuz, darauf ein Mensch, ausgestreckt und angenagelt, von rohen Henkersknechten hochgewuchtet, bis er senkrecht zum Himmel ragte und krachend mit dem unteren Ende in ein im Erdboden bereitetes Loch fuhr, wo er verkeilt wurde. Hochoben der Mensch Jesus Christus, Gottes Sohn, durchbohrt, mit zerrissenen Sehnen und ausgerenkten Gliedern, die Haut in Fetzen, blutend und dürstend – das war die Erhöhung, die von Menschen für Ihn vorbereitet worden war. Eines seiner letzten Worte, bevor seine Seele den irdischen Leib verließ, war: „Vater, vergib ihnen, denn sie wissen nicht, was sie tun."

Judas Ischariot, von weitem mit wachsendem Entsetzen zuschauend, besinnungslos vor Angst davonstürzend, machte seinem Leben selber ein Ende.

Es schlichen sich die Henker, angetrunken wie sie waren, nach getaner Tat davon, die beaufsichtigenden Pharisäer verließen angewidert den Ort und römische Soldaten sicherten stumm das Gelände. Unter dem Kreuz standen, in namenloser Trauer, die Mutter Maria und ihre Freundinnen. Und Johannes, der als einzigster Jünger bei ihnen geblieben war.

17. Ausblicke

Nahe 2000 Jahre sind es, dass Jesus als der Christus auferstanden war, um sich für immer mit der Erde zu verbinden. Es war eine Zeit blühender Kulturen und zivilisatorischer Höchstleistungen gewesen, doch bei allem Fortschritt schien die Menschheit besonders weit gekommen zu sein auf dem Weg des Unfriedens. An allen Ecken der Welt wurde mit dem Feuer gespielt und in den Händen dunkler Mächte, wer immer sie waren, befand sich ein vielfaches Vernichtungspotential dessen, die Erde unbewohnbar zu machen.

Robuste Zeitgenossen hatten sich an die in den Medien gemeldeten Dauerkatastrophen gewöhnt, ohne dass ein Ende absehbar war, wie weit sie sich noch steigerten. Empfindsamere Naturen hofften eher auf ein Einsehen von guten Mächten und auf ihre Hilfe. Aber gute Mächte – Christus, der für die Menschen das größte Opfer gebracht hatte – wollte Er helfen, die Zustände, wie sie heute sind, zu erhalten?

Traditionen und gesellschaftliche Werte als Grundlagen des Miteinanderlebens waren eingebrochen. Gesunde menschliche Verhältnisse und stabile Gemeinschaften waren keine Selbstverständlichkeiten mehr. Die Moral wurde disqualifiziert als ein unwissenschaftliches Relikt und weitgehend ersetzt durch gesellschaftliche Korrektheit. Kinder wurden von frühester Jugend an mit widernatürlichen Weltbildern geimpft, um sie ohne tragende Werte aufwachsen zu lassen und damit manipulierbar zu machen für beliebige Ideologien.

Hatte es in der Genesis geheißen: „Seid fruchtbar und mehret euch", schien diese Gabe weitgehend zweckentfremdet zu sein zu einem unverbindlichen Lüstchen für jede Tageszeit, mit anzüglichen Darstellungen auf allen Kanälen, und unerwünschtes Leben, das dabei entstand, konnte abgetrieben werden. Statistiken sprachen Bände und Querdenker sprachen von weltweitem Mord an ungeborenem Leben. Und wem das Dasein verleidet war, der konnte sich selber, gesetzlich sanktioniert und mit fachlicher Hilfe, entsorgen.

War das die Welt, die sich ein Schöpfer für seine Geschöpfe vorgestellt hatte?

Jesus hatte oft genug gewarnt, wenn Zustände in Gefahr waren, außer Kontrolle zu geraten. So während seiner Erdenzeit vor der Rebellion gegen die Römer. Aber Aufstände waren aufgeflackert, bis sie sich über das ganze Land verbreitet hatten und als die volle Streitmacht der römischen Legionen entsandt wurde, waren die Tage einer einstmals grandiosen Kultur gezählt. Jerusalem, die große Stadt, wurde zerstört bis auf die Grundmauern.

Vielleicht berührt heute das damalige Schicksal des Landes niemanden mehr besonders. Was dagegen zu denken geben sollte, sind Voraussagen, die die heutige Zeit betreffen. Denn Jesus hatte sich im Großen Evangelium Johannes auch geäußert über die Zustände in „nahe zweitausend Jahren" – in unserer Zeit:

„ … das natürliche Feuer wird einen gewaltigen Dienst zu versehen bekommen. Es wird Wagen und Schiffe schneller als der Sturmwind vorantreiben. Die Menschen werden den Blitz zu bannen verstehen und ihn zum schnellsten Überbringer ihrer Wünsche von einem Ende der Erde zum anderen machen. Und wenn die stolzen und habgierigen Herrscher Krieg miteinander führen, so wird ebenfalls das Feuer den entscheidenden Dienst versehen. Denn durch seine Gewalt werden eherne Massen von großer Schwere gegen den Feind und seine Städte geschleudert werden und damit größte Verheerungen anrichten."

Eine Vorschau, gegeben vor 2000 Jahren, als weder eine Technik existierte, noch eine Vorstellung von dem Zerstörungspotential eines modernen Krieges! Die Worte bezogen sich auf äußere Verwüstungen, denen eine innere vorangehen würde:

„ … Der wahre Glaube und die Liebe werden erlöschen. An ihrer Stelle wird ein Wahnglaube unter allerlei Strafandrohungen den Menschen aufgedrängt werden. Die mit Hochmut und Selbstsucht herrschenden falschen Propheten werden sich als allein wahre Nachfolger und als Meine Stellvertreter den Menschen zur Verehrung darbieten. Und so sich eine von Meinem Geist gestärkte Gemeinde

wider die falschen, von Gold und anderen Erden-
gütern strotzenden Propheten erhebt, so wird es
Kämpfe, Kriege und Verfolgungen geben, wie sie
seit Beginn der Erdenmenschheit noch nicht
stattgefunden haben."

Das Zitat endet mit einer Verheißung: „… Doch
wird dieser allerfinsterste Zustand nicht lange
währen, und es wird kommen, dass diese falschen
Lehrer sich selbst den Todesstoß versetzen. Denn es
wird Mein Geist der Wahrheit unter den vielfach
bedrängten Menschen wachwerden … "

Wie auch immer solch eine Aussage zu nehmen ist –
es gibt viele ähnliche – vor uns liegen dunkle
Zeiten. Aber das Dunkle und Finstere ist nichts
anderes als der Schattenwurf des Lichtes. Je tiefer
der Schatten, desto heller das Licht auf der anderen
Seite. Nur werden wir uns bemühen müssen, es zu
suchen.

Vielleicht wird es am Anfang nur ein Schimmer
sein, den wir finden, aber er wird zum Impuls, nicht
nachzulassen, bis wir aus dem Labyrinth der Dunkelheit herausgefunden haben. Und dann von der
Lichtflut geblendet sind, bis wir erkennen, dass
jemand vor uns steht, Christus, und wartet.

Er wartet, dass wir Ihm entgegenkommen, so wie
Er zu uns gekommen ist. Dass wir in Ihm nicht die
unendliche Allmacht sehen, sondern den Bruder,
der seine Brüder und Schwestern sucht. Uns in
dieser Art zu begegnen, war der Beweggrund für
seine Schöpfung vom Anbeginn der Zeiten.

„Ein Herz, das Mich wahrhaft liebt, gibt Mir mehr als alle Himmel und Welten mit all ihrer Herrlichkeit!", sind Seine ureigenen Worte, die bestehen bleiben, auch wenn Veränderungen geschehen, wie sie sich noch niemand vorzustellen vermag.

Als Herrn der Zeit sind Ihm tausend Jahre wie ein einziger Augenblick und alle Ewigkeit steht Ihm zur Verfügung, um seinen Menschen zu helfen. Wenn sie es denn wollen.